人生100年時代のサバイバル仕事術

好きなことしか本気になれない。

南章行
株式会社ココナラ代表取締役社長

Discover
ディスカヴァー

はじめに

「好き嫌い」で物事を判断してはならない――私たちはいつから、こう思うようになったのだろう。

人生100年といわれるこの時代。仕事のキャリアや人生設計など、期待と不安が入り混じる世の中だ。僕は本書を、あなたが自分らしく、力強く、ときにしなやかに生きぬくために、どう考えて、どう判断していくかを、あなたと一緒に考える本にしたいと思っている。

さて、本題に入る前に、3秒ほど手を止めて考えてもらいたい。
あなたの前にA、B、C、三つの選択肢があるとしよう。
どれかひとつを選ぶために、あなたは何をするだろうか？

普通の人ならたぶん、「まずは情報を集める」と答えるだろう。

A、B、Cそれぞれの強みと弱み、メリットとデメリット。

実際、それを選んだ人の体験談や口コミが役に立つかもしれない。

運がいいことに、今や情報はたやすく集まる。

集め方にコツがいることくらい、あなたはすでに承知しているだろう。ジャンク、バイアス、フェイク、加工されたインチキ話。「あなたのためのとっておきの情報」に見せて、実のところまるで役に立たない情報が山ほどあることも、僕が説明するまでもない。

だからちょっと賢い人なら、次に「情報の選別」に入る。

それが嘘か真実か。自分に合っているかいないか。将来性があるかないか。情報を精査し、データを読み解き、次第に選択肢を絞り込む。

「AかBかで迷うところだけれど、まずCはないな」という具合だ。

いよいよひとつに決めるとなったとき、かつての成功者たちは「成功者たちの前例」を指針とした。「愚者は経験に学び、賢者は歴史に学ぶ」。たったひとつの正解を求めるには、成功のゴールデンルールに従うべきだというわけだ。

慎重な人や「絶対に正解が欲しい」人なら、さらにシミュレーションするだろう。フットワークが軽い人は、ちょっとやってみて、実際のところはどうかを試すだろう。成功者の前例があるとしても、「自分に合う／合わない」は大切だ。だから綿密なシミュレーションをしたり、実地で試したりするのは悪くない。たとえば就職のプロセスにおいてインターンシップなどが実社会に導入されているのはいいことだと思う。

そしていよいよ、たったひとつを選択する。

あらゆる情報を精査したなかで、一番優れていると思われる、たったひとつを。その選択をした結果、成功し、豊かになった人たちが大勢いる、たったひとつを。みんなに喜ばれ、ほめられ、ちょっとうらやましがられる、たったひとつを。何より自分に合っていて、ずっとやりたかったことで、自分の能力が活かせる、そんなたったひとつを選び取れたら最高だ。

だが、問題がある。

そんな「たったひとつの正解」は、この世界のどこにも存在しないことだ。

現代は「正解のない世界」である

多くの人はキャリアについて、この「たったひとつ」を選ぼうとする。キャリアに限らず、大きな決断をするときは、「ひとつの正解」を探す。その結果、選択肢をいくつかあげ、それぞれの情報を集めて選別し、人に聞いたりシミュレーションをしたりするところまではたどり着くが、肝心の「意思決定」ができない。なぜなら、いくら誰かに聞いても、いくらシミュレーションを繰り返しても、「正しい」答えは出てこないからだ。

そこで「3年くらい働きながら準備すれば、そこで意思決定できるはずだ」と時間の経過に頼ったりするが、残念ながら3年後にも答えは見つからない。あげく、「今の時代にはこちらのほうが大事だからもう一回準備し直して……」などと、検討期間を延長するのが関の山だ。

そして最後には、「自分は自分らしい人生を送っている、これでいいのだ」と周囲にはうそぶいてみせながら、胸のなかのモヤモヤをビールで洗い流す。

別に、他人である僕がそれを否定するつもりはない。ただ、それは、本当にあなたが欲していた人生だったのだろうか？


この世界に、正解はない。

たとえば開発途上国の児童労働という問題を考えるとする。

10歳に満たない子どもが、うっとりするフォルムのスニーカーを低コストで大量生産するために、劣悪な労働環境、低賃金、長時間労働の3点セットで働かされている。学校には通えず、将来もおおむね暗い。

では、これを解決するためのたったひとつの正解は、なんだろう？

「児童労働をやめさせること」

もしもそう答えるなら、あなたはとてもいい人で、そして浅はかだ。


想像してみてほしい。

「私たちの工場は、児童労働という倫理に反することをやめます。君たちは明日から来なくていい」と工場主に言い渡されて、幼い子どもたちが、「やったね！」と学校に行くようになる——などという幸福な結末が、本当に訪れるだろうか？

工場の賃金という貴重な収入源を失った子どもが行く、あるいは親に行かされるのが売春宿か犯罪組織の下部集団だと知ったら、あなたは「児童労働をやめさせよう」とシンプルに言えるだろうか。

正解はない。

何事も単純には解決できない。

これこそ僕たちが今、生きている世界だ。

でも、そこであきらめて、「こんなもんさ」と言った時点で「試合終了」だ。

「たったひとつの正解」が薄っぺらな童話であることを知り、目を背けたくなるような悲惨なリアルを知り、そのうえで「正解かどうかはわからないけれど、自分はこうすべきだと思う」ということを決めなければ、世界は永遠に変わらない。

「正解はなくても変えていく」と決めて、選んで、行動しなければ、永遠に水は淀んだままだ。

僕はこの本で、社会問題というビッグテーマについて語ろうというのではない。

ごくごく身近な自分のキャリアにも、「正解がなくても選択すべきだ」というルールは当てはまる。

どこに就職し、どう働き、どこに転職するか。

誰と結婚するか、どこに住むか。

降りかかってくるトラブル、思いがけないいざこざを、どう解決するか。

「人生は100年だ」「AIに仕事を奪われる」などと騒々しい世の中で、どこに自分の居場所を見つけるか。

こうした僕たちの身近なことも、児童労働と同じだ。正解はないし、単純に解決できる問題でもない。

あきらめて、「こんなもんさ」と言った時点で試合は終わりだという点も同じだ。

正解がなくても意思決定をし、歩く道を決め、実際に歩いていかなければ、僕たちは生きていけない。

さほど意思決定が求められなかった時代や、意思決定できない人が永遠にぐるぐるとシミュレーションをしていても許される、恵まれた時代も確かにあった。

だが、これから僕たちが生きていく時代、意思決定できない人にはつらい人生が訪れる可能性が急速に高まっている。


正解なき世界を生き延びる方法は、大きく分けて二つある。

①少なくとも、人口動向といった「確実に変化する外部要因」を知り、押さえておくこと。
②「正解かどうかはわからないけれど、自分はこうすべきだと思う」という意思決定ができるようになること。

意思決定をするとはすなわち、リーダーシップを持つということだ。

たとえば経営者は、「正解かどうかはわからないが、自分はこうすべきだと思う」という意思決定をする。誰も正解かどうかわからない、誰も「大丈夫だ」と保証してくれないことを、責任を持って決断すること。これこそ、本当のリーダーシップだ。

その意味で、リーダーシップは組織の長だけのものではない。誰にでも当たり前に必要なスキルだ。僕たちは皆、自分で自分をリードする「セルフリーダーシップ」を持たなければならない。

では、どうすればセルフリーダーシップを身につけることができるか。正解なき世界で、どうすれば「自分はこうすべきだと思う」という決断ができるようになるだろうか。

「正解を探すのではなく、選んだ道を自分で正解にしていく」という考え方がある。第一線で活躍し続けている起業家は皆、そうした行動を突き詰めているように思える（きれいごとではなく、そうせざるを得ないのだが）。

選んだ道を自分で正解にしていく——それはまさにセルフリーダーシップだ。

起業家に限った話ではない。企業に勤めていても、セルフリーダーシップを持って生きることは可能だ。年齢も性別も業種も役職も関係ない。

ただし、選んだ道を自分で正解にしていく生き方は、それなりにパワーがいる。好きでなければ、つまりそこに思いがなければ、続かないだろう。人は好きなことにしか本気になれないのだ。

キャリアじゃない。自分のストーリーを生きる

この本の役割は、「正解なき世界を生き延びる方法」を皆さんと一緒に考えることだ。

正解がなくても、セルフリーダーシップを発揮して意思決定をし、自分を活かし、生きて、働いて、食って、楽しんで、愛するための方法を。

誤解なきよう付け加えておくと、自己啓発的な精神論を書こうというのではない。キャリアを考えるビジネスパーソンに役立つようトピックスを絞り、また、忙しくて時間がない人にもさらっと読んでもらえるよう、シンプルにまとめていくつもりだ。

主に僕のキャリアを題材に書いていくが、ここで断っておくと、僕は「あらかじめ成功が約束された高スペック人材」みたいな人間ではない。もっと言ってしまえば、若い頃は成功すると思っていた友人が見る影もないほどの苦労人になったり、またその逆で、意外な友人が幸せそうな人生を送っていたり、といったパターンは皆さんの周りにもいくらでもあるだろう。成功なんていうのは結果論でしかないし、この先だって何が起こるかわからない。

銀行からキャリアをスタートし、企業買収ファンドに行き、オックスフォードでMBAと、今から振り返ればキラキラ系のありがちなキャリアに見えるかもしれない。だが、金融危機の直後に破綻が相次ぐ銀行業界に足を踏み入れたことや、子どもが生まれた直後に当時はまだ名もなき小さなファンドに転職したことなども、まったくもって「ありがちなキャリア」ではなかった。また、そのかたわらで、ボランティアで二つのNPOの立ち上げにかかわった。それから起業し、「専業主婦と子どもを抱えて収入ゼロ」という日々を過ごした。

現在は株式会社ココナラを経営。「知識・スキル・経験」のオンラインマーケットを運営・開発することで、正解なき世界でたくさんの人が自分を活かす方法を見つけるお手伝いをしている。

かっちりスーツの銀行員だった僕がTシャツのIT経営者になったのは、いくつかの分かれ道で「正解かどうかはわからないが、自分はこうすべきだと思う」と意思決定を行い、自分自身を導くセルフリーダーシップを発揮した結果だ。無論、よき出会いに恵まれ——いや、よき出会いを自ら求めて、人的ネットワークをつくったことも大きく影響している。

結果的に、外から見てわかりやすい「キャリアアップ」の道ではないかもしれないが、一つひとつの意思決定の背景を説明すれば「なるほど」とわかってもらえるような「ストーリー」を生きてきた。

そして、かつてないほど未来の見通しが立てにくい不安だらけのこの現代において、「キャリアアップ」ではなく「ストーリー」を生きるというのが、「正解なき世界を生き延びる方法」のもうひとつのキーワードだ。

僕のキャリアは、あくまで事例に過ぎない。あなたが「Tシャツ系からスーツ系へ」という逆のルートを歩むにしろ、オルタナティブなルートを歩むにしろ、セルフリーダーシップを身につけ、意思決定をする方法を知ってもらいたい。

「この本に書いてあるようなことなんか、すでにわかっているよ」という人もいるかもしれない。それならば、この本を自己確認の道具として使っていただき、ぜひ実行してもらいたい。

その結果として、読んでくださった方々の一人ひとりが、「たったひとつの正解」なんかじゃない、「自分のストーリー」を生きていくお役に立てれば、著者としてこのうえなく幸せだ。

二〇一九年　夏

南　章行

第1章 人生100年時代、確実に変化すること

03

セルフリーダーシップを持つ……49

コラム1

第2章

成長は意思決定の数に比例する

第3章 セルフリーダーシップで動き続ける

―スキルを獲得し、「自分の価値観」を見つける働き方

第4章 自分のストーリーで生きていく

21世紀のキャリア形成について考える

第1章

人生100年時代、確実に変化すること

01

人生100年時代、確実に変化すること

未来予測はいらない

未来予測など、僕にはできない。

「変化する」ということくらいはわかっているが、これだけ複雑かつ変化が激しいなかで、一般人に予測がつくことは限られている。

読者の多くは情報に敏感な知識人だと思うが、ＡＩをはじめとするテクノロジーがもたらす「ざっくりした未来」を追うことはできても、詳細までの予測がつかないのではないだろうか。なにしろ分析と予測を専業としているシンクタンクやコンサルティングファームですら、意見が分かれているのが現状なのだ。

それでもわかっていることはたくさんあるし、「確実に変わること」「自分に影響がある

変化」だけは、きっちりと押さえておきたい。

そのために必要なのが、次の二つだ。

①すでにわかっている事実を押さえる

②厳密に考えるまでもない、ざっくりと予測がつく「当たり前の未来図」を念頭に置いて自分の今後を考える

この二つを実行したうえで、自分の人生やキャリアについて考えてみる。これだけでずいぶんと意思決定がしやすくなる。

多くの人が、①についてはすでに実行している。ウェブではジャンクなものだけでなく政府が発表するような何十年、何万人を調査対象とした統計もすぐに見られるし、国内外の精鋭が書いたエビデンスベースの優れた書籍も多く刊行されている。数冊目を通しさえすれば、世界トップレベルのビジネススクール教授の研究も、国際機関の分析も知ることができる。

こう考えたら無料もしくは数千円の投資で、「事実」は押さえられる。こんなに楽な話はないから、読書家ではない僕もその恩恵にあずかっている。

ところが問題は、多くの人が、すでにわかっている事実を押さえたところで終了してしまうこと。

「ＡＩの発達で、淘汰される仕事はたくさんある」

「少子高齢化が進んで、２０２０年には1人の高齢者を１・９人の現役世代で支えることになる、って年金がやばいな」

「ああ、これからは定年が70歳、もしかしたら75歳くらいまで延びるのか。もしかしてうちの会社も……？」

せいぜいこんな感想を抱いて終了。「考える」という営みが欠けており、自分の人生に情報を紐づけ、対応することがない。これでは事実を「押さえた」ことにはならない。

事実を押さえるとはつまり、情報を「自分ごと」として考え、咀嚼し、それに対応することだ。そのためには厳密に考えるまでもない、ざっくりと予測がつく「当たり前の未来図」を念頭に置いて自分の今後を考えるのが、手っ取り早い方法だ。

そして、すでにわかっている事実のうち、一番押さえておきたいのが「人口予測」だと僕は考えている。

人口の変化は、とても大きなインパクトで「自分の今後」に関係してくる。

まずは、それをさらっと見ておこう。

「もう十分に知っている」という方は、飛ばしていただいても、確認のために斜め読みしていただくのでもいい。

少子高齢化は40年前から始まっていた

1975年生まれの僕は団塊ジュニア、現役世代のなかでは人口が多いボリュームゾーンにいる。これから子どもを産む出産適齢期は過ぎ、どちらかというと子育てにウエイトを置く時期にさしかかっている。

20代、30代の出産適齢期はどうかといえば、人口が減っていて出生率も低い。厚生労働省のデータを見ると生涯未婚率（50歳時未婚率）は年々過去最高記録を更新し、本書執筆時点のデータで男性の4人に1人、女性の7人に1人は一生シングル。「やがて2人に1人はおひとりさまになるだろう」ともいわれている。事実婚という制度がない日本で、もともとの分母が少ない若い人たちが結婚しなければ、子どもはさらに減っていくだろう。

そしてこんなことを書くと、あなたは「またその話か」とうんざりするだろうが、「人生100年時代」は現実のものとして目の前に突きつけられている。

若い人が減っているのに、医療の発達や健康意識の向上で多くの人が100年近く生きる。つまり、社会を支える労働人口は少なくなり、医療や介護によって社会に支えてもらう高齢者の人口が増えていくということだ。少ない現役世代が、大勢の高齢者を支える――この歪みは悪化の一途をたどっていくだろう。

また、平均寿命が伸びたからといって、さすがに永遠に死ななくなったわけではない。このまま出生率の低下が続いていけば、いずれ日本の人口自体が減少していくだろう。

「若者がいなくて老人ばかり。働き手も減る。まったく困った世の中になったものだ」ほとんどの人が当惑しているが、最近「困った世の中になった」のだろうか？

実は、これは最近の話ではない。

厚生労働省の人口動態総覧の年次推移を見れば、少子高齢化は1970年代半ば、僕が生まれた時点でもう始まっていた。40年前すでに「確実にこうなるであろう」という予測はできていた。ただ、誰も「自分のことだ」という意識を持っていなかっただけだ。

「最近の若い人は結婚しないし、子どもも少ない」

それなら我が子はどうなるかと心配している親世代はたくさんいるが、総務省の国勢調査によれば、未婚率が上昇し始めたのは1980年代後半からだ。

こう見ていくと、現在50～60代の親世代が結婚適齢期だった頃から、結婚しない人は目に見えて増え始めていたことがわかる。だが、若き日の彼らは、「独身が増えている？自分たちには関係ない」とスルーしていたのだろう。

「あと50年、今の仕事を続けたいのか？」

僕が少子高齢化という情報を「自分ごと」として押さえるようになったのは、初めての子どもが生まれた28歳のとき、そして人生100年時代が来るという情報を自分ごと化したのは、34歳のときだった。今から10年前、企業買収ファンドで働いていて、自分のキャリアについて考えていた頃だ。

「ちょっと待てよ。俺は100歳まで生きるかもしれない」

人生にいくらお金がかかるかといったシミュレーションがさかんになされているけれ

ど、銀行の住宅ローン担当として日々シミュレーションをしていたと思えば、企業買収ファンドで貯めた貯金を全部使ってオックスフォードのビジネススクールに行ったらリーマンショックで先行き不透明になった。だから、老後を意識するにはいささか若い30代前半のうちからこんなことを考えたという面もあるだろう。

「100歳まで生きるのなら、60歳か65歳で定年を迎えた後も生活していけるのか。まあ、無理だろう」

「仮にお金が足りたとしても、60歳でリタイアしたらその後の40年がヒマすぎる。趣味はたくさんあるけど、それだけでは心は満たされないのではないか」

やがて「80歳まで働く」という選択肢がリアリティを持って浮かび上がってきたとき、僕は「このままではダメだ」と思った。

詳しくは第2章以降で述べるが、仕事上の岐路にさしかかっているタイミングでもあり、上司からは、「企業買収ファンドの世界で上に行くには、君のこういう弱みを克服したほうがいい」と指導されていた。

80歳まで働く前提に立てば、「今の仕事をずっとやるとか、自分が苦手なことを克服するというのは、おかしいんじゃないか」と感じた。

「今の会社」あるいは「今の業界」に合わせて自分の弱みを克服するということは、自分を成長させることかもしれないが、自分を変えて型にはめることかもしれない。仕事を覚えたての20代の頃ならともかく、自分本来のスタイルを変えて無理をしながらあと45年も働けるのかと疑問を抱いたのだ。


定年が60歳だった時代は、これもありだった。日本の新卒一括採用は世界でも稀なシステムだけれど、これは実務経験ゼロの若者を「会社の型」にきっちりはめてマニュアルを叩き込む方法だ。高度経済成長時代だから、言われたとおりのやり方で成果も出たし、所得も上がり、退職金もそれなりにもらえた。だが、これは過去の物語だ。


また、60歳まで働くのと、80歳まで働くのでは「稼働時間」が圧倒的に違う。

たとえばあなたが飛行機に乗ったとして、なぜかリクライニングがきかないハズレの座席に当たっても、「羽田から伊丹」と思えばまあ、我慢できる。羽田でよく吟味せずに買った弁当に嫌いなおかずが入っていても、「一食だし、まあいいか」と思える。

だがこれが「羽田からマドリード」となれば話は別だ。14時間も飛行機に乗り、機内で何回も食事をするなら、座席は座り心地がよくて、好きなものを食べられたほうがいい。

長く働くのであれば、話はもっとシビアだ。

だから僕は、苦手なことをやるよりも、好きで得意な部分を伸ばして働いたほうがいいと強く思った。


「それなら、自分らしさを活かせる仕事はなんだろう？」

「弱みを克服するのではなく僕らしさが活きる道ってどこだろう？」

そこを突き詰めていって、僕は起業を決めた。


本書は、起業のすすめではない。ただ**「自分が好きで自分に合っている生き方、働き方でなければ長くは続かない」**という考えのもとに僕はキーボードを叩いている。

20代、30代のあなたは、老後を考えるにはまだ早いとされる年齢だろうが、あなたが幾つだろうと老後はやってくる。70歳、80歳まで働くなんて遠い先の話だと感じるかもしれないが、その「遠い先」は「今」とがっちりつながっている。

65歳から改めて考えるより、今からトータルで考えておいたほうが、選択肢は広がる。

何より今の仕事がよりよくなる。

そしてあなたがもし僕と同じく40代以上なら、これからどう働くかは「緊急案件」だ。

80歳まで働ける「スキル」とはなんだろう？

マクロ的に考えると、労働人口を増やさなければ社会保障は破綻する。年金が消えるどころか、健康保険すら危なくなる。会社員であれば、これまで歯医者に行って3000円だった治療費が、いきなり1万円になる。健康保険制度が破綻すれば、「お金がないと病院に行けない」というアメリカのような国になってしまう。

そこで社会を支える労働人口の確保と、寿命が延びたことによる「長すぎる老後問題」を回避する一石二鳥な対策として、これから定年は延びていくだろう。

あなたが「定年まで今の会社で頑張る」というなら、それもいい。

ただし年齢とともに給料が上がっていく仕組みは、定年が60歳だったから成立していたものだ。今では多くの会社で役職定年が導入されていて、普及はますます進んでいくはずだ。

「この先、どんどん給料が下がっていく」という残念なシナリオも折り込み済みにしておこう。また、定年までに会社自体が倒産する可能性も十分にあると想定しておこう。

さて、今の会社で働き続けるにしろ、転職するにしろ、起業するにしろ、あなたが80歳になるまで「残る仕事」とはなんだろう？

日本の7割は第三次産業、サービス業だ。小学生の社会で習ったとおり、第一次産業（農業、漁業）と第二次産業（鉱業、建設業、製造業）以外のすべてが第三次産業だが、通信サービスといったＩＴ系から美容師といったフィジカルなものまで、すべて「お客様を相手にする商売」である。

そのお客様が猛スピードで減っていくのだから、会社の過半数以上はすでに苦しくなっている。そこでコンピュータやＡＩ、ロボットという「一回購入すれば、給料も福利厚生も不要で、24時間３６５日文句を言わずに働く存在」を導入しつつある。形式化しやすかったり情報分析が主だったりする仕事、専門知識を武器にする仕事は、今後テクノロジーにとって代わるといわれている。

サービス業のうち小売り、飲食、宿泊などの「人の手によってなされたい」もの、また運輸や介護といったニーズの高いものは、当面は「残る仕事」とされているが、働き手が足りないため労働条件は悪くなり、会社として賃金を上げる余裕もない。非正規雇用者の間ですでに問題化しているブラックな部分だ。

つまりサービス業のうち、いわゆるホワイトカラーは「消える仕事」で、「残る仕事」

今後10～20年でなくなると予測される仕事

- ▶ 銀行の融資担当者
- ▶ スポーツの審判
- ▶ 不動産ブローカー
- ▶ レストランの案内係
- ▶ 保険の審査担当者
- ▶ 動物のブリーダー
- ▶ 電話オペレーター
- ▶ 給与・福利厚生担当者
- ▶ レジ係
- ▶ 娯楽施設の案内係、チケットもぎり係
- ▶ カジノのディーラー
- ▶ ネイリスト
- ▶ クレジットカード申込者の承認・調査を行う作業員
- ▶ 集金人
- ▶ パラリーガル、弁護士助手
- ▶ ホテルの受付係
- ▶ 電話販売員
- ▶ 仕立屋（手縫い）etc

出典：マイケル・A・オズボーン『雇用の未来』

は、働き手にとってきつくて稼げない仕事が多くなる。

もちろんいい話だって、ないわけじゃない。

創造的な仕事はこれからも稼げるどころか、とんでもなく稼げるだろう。優秀な人、特別な人はＧＡＦＡなどグローバル企業に引き抜かれたり、フリーランスになったりして、所得のゼロがいくつも変わることもあるだろう。その結果として富裕層になれば、投資によって働くことなくどんどん資産が増える。

だが、当たり前のことだが、みんながみんな「優秀で特別」ではない。

今発表されている「消えていく仕事」「残る仕事」についての分析はかなり精度が高いものの、まだまだ未来予測の域にあり、「確実に変わる外部要因」ではない。

だから押さえておくべき確実に変わる外部要因は、**「人口が減り、長く働く時代になる」**ということ、ただそれだけだ。

02 80歳まで働ける「個人の力」とは？

「これだけは身につけておきたいスキル」は存在しない

終身雇用制度が消滅し、突然クビになったり、会社が倒産したり、「ボーナスカット、給料は半額で頼む」と言われても不思議ではなくなる。運よくそんな目にあわなくても、定年が来れば会社にはいられないし、あなたの仕事は「なくなる仕事」かもしれない。「長く働く時代になる」という外部要因を考えれば、フリーになっても食っていける個人の力は必要不可欠だと僕は思う。

「個人の力」の三大要素その1はスキルだ。

ただし、どのようなスキルにニーズがあるかは、外部要因の影響を受ける。時代の変化は速く、環境はみるみる変わる。そんななか、「絶対」を求めて安定を手にしようという人は、全財産をバカラ賭博にオールインするレベルのギャンブラーだ。

「この資格を取っていれば一生食いっぱぐれがない」とか「現実を考えて手に職をつける」という発想は、80歳まで働くというとき、堅実に見えてまるで役に立たない。神カードだった資格のいくつかが紙くずに変わるであろうことはわかっているが、どのカードがそれなのか、100%予測することは難しい。

そこで「唯一無二のスキルをひとつ持つ」という発想は捨ててしまおう。

「複数のスキルを持つ、新たなスキルを獲得し続ける」という考え方に切り替えるのだ。

唯一無二のスキルではないから、「自分のすべてをそこに投入する」という必死さはいらない。仕事で身につけたものでもいいし、性格や趣味と結びついたパーソナルスキルでもいい。

個人のスキルを持つとは、たったひとつの秘密兵器を持つことでなく、使える武器をいくつか持ち、それを更新し続けたり、かけ合わせたりするというイメージだ。こうすると「どう働くか」「どう稼ぐか」という選択肢が増えるし、自由度が高まる。

1000人の中で1番になるのではなく、10人の中で1番のスキルを三つかけ合わせ

れば、結果として1000人の中で唯一のレア人材になれるという発想だ。新たな「10人の中で1番」を見つけ、更新していくのだ。

「経験を活かす」という発想を捨てる

「80歳まで働くなら、今の仕事はちょっと違う。では、どう働こう？　何をしよう？」

34歳でそう考えたときの僕はといえば、仕事でそれなりに成果を出していた。

就職して銀行と企業買収ファンドで必死に働いてきて、成長支援や事業再生を行なった。「ポッカ」や「コメダ」など、誰でも知っている企業を買収してオーナーになり、時には役員として経営にかかわり、業績改善に貢献することができたというのは、めちゃくちゃタフな仕事だっただけに、確かに自信となった。自分の市場価値を知ろうとヘッドハンターに会ってみたら、多くの企業からよいオファーをもらえることもわかった。

僕に限らず30代半ばというのは、仕事を覚えて経験もして、野心が毛穴から吹き出しているような年頃だ。自分の実績を武器にしたくなる。

だが、34歳の僕には「80歳まで働く」という強烈な前提があり、それで考えると、自分の実績にうっとりするどころか、「待てよ」とストップがかかった。

22歳から80歳までおよそ60年働くと考えたとき、社会人経験12年というのは、たった5分の1なのだ。仮にものすごい成果を出していたとしても、働く全期間のたった5分の1の出来事に過ぎない。

「スタートから5分の1までの期間でした経験を活かして、残りの5分の4を生き抜く」この発想自体がナンセンスだと素直に思った。年齢とともに体力も落ちるし、求められる役割も変わる。業界構造も変わるし、事業が立脚する法律も変わるかもしれない。テクノロジーの進化で自分の強みが消えるかもしれない。

もちろん、経験自体には意味があるし、人生のなかで活きることはあるだろう。実際に起業した今になって活きていること、今後もしかしたら活きるかもしれないこともある。

だが、それはあくまでも結果論だ。

だから僕は「これまでの経験を活かそう」という考えをできるだけ排除しようとした。そんな考えでいたら、選択肢が狭まって、金融業界にとどまり続けているかもしれない。若き日の「スキル貯金」を食いつぶし、路頭に迷う羽目になっていくかもしれないのだ。

「過去を正当化」するためのキャリアは意味がない

「スキル貯金」を使うとは、過去にしがみつくことだ。

たとえば、大学時代から弁護士を目指し、司法試験を3年間受け続けたものの、「今年もまた落ちた」という人がいたとしよう。

「3年も勉強したんだから、無駄にしたくない。来年もチャレンジだ」

これは一見、まともそうだけれど、この時点で3年間という「過去」にだいぶ引きずられている。「過去を無駄にしない方法＝司法試験に合格する」というかなり限定された条件づけをしているから、未来の自由度も、かなり狭くなっている。

もしかしたら弁護士以外のキャリアが向いているかもしれないし、そこで法律を勉強した3年間が思いがけず活きるかもしれないのに、その可能性を捨てているということ。

「過去は過去、未来は未来」と切り離すことができたら、もっと選択肢が広がったはずだ。

より残念なパターンになると、「過去の編集」を行なう。

「弁護士はもう無理だからあきらめよう。でも、勉強した3年間を無駄にしたくないから、企業の法務部に就職して活躍しよう」。こんなふうに考えるのだ。

「法律を勉強した3年間」という過去ありきでキャリアを決めると、なるほど、過去は変えられる。すなわち、「3年も勉強したのに司法試験に落ちた」という自分にとっての嫌な過去が、「あのつらい3年間は無駄じゃなかった。今、法務で活躍するための大切な時間だった」と、うまい具合に編集できてしまうのだ。

自分に都合よく編集すれば「私がやったことは間違っていなかった」という自己正当化ができるから、気持ちはいい。落としどころが見つかってホッとする。

だが、本当にそうだろうか?

自分の過去を正当化するために、「法務部で成功しなければならない」と未来を決めるのは、順番が逆転している。過去の正当化を目的にキャリアを選択したら、長く働ける仕事にはならないだろう。

「自分の価値観」を確かめる

自分の過去を正当化しようとする理由は、自分の価値観がわかっていないからだと僕は思う。

「なぜ司法試験を受け、なぜ弁護士になり、自分はどう生きたいのか」という価値観が明確ではなく、「とにかく弁護士になりたい」というキャリアプランしか持っていなかったから、経験に縛られ、過去ありきで未来を決めてしまう。

司法試験の勉強はあくまで一例だが、多くの人が似たことをしている。

「ずっと営業畑だったから、営業の経験を活かして転職しよう」という人は、同じく過去に縛られ、過去を正当化し、未来の自分を過去ありきで決めている。

だが、あなたの「個人の力」は、あなたの過去ではない。

あなたの「個人の力」は、あなたの価値観から生まれてくる。**そう、80歳まで働くための「個人の力」の三大要素のその2は、自分の価値観を持つこと**にほかならない。

営業畑だった人の例を、単純化して考えてみよう。

「僕は人と話すのが好きで、コミュニケーションが得意だ。相手にいいものを勧めた結果、その人の人生がよりよいものになると思うとワクワクする」

こういう人は、「人が好きでコミュニケーションが得意」というスキルの持ち主で、「人の人生をよりよくすることに貢献したい」という価値観の持ち主だ。これは単純な「営業スキル」とは似て非なるものだ。なぜなら、「営業スキル」は営業にしか使えないが、**個人のスキルと価値観は、どんな仕事にも応用がきく**からだ。

こういう人が、自分のスキルおよび価値観に従って営業の仕事をチョイスし、経験を積んだらうまくいくだろうが、だからといって営業に縛られなくてもいい。「自分のスキルと価値観を別の形で活かせないかな？」という、新たな選択肢も生まれてくる。

たとえば、「このサービスは人の人生をよりよくする」と心の底から思えるベンチャーに出会ったとする。営業職ではないがやれることはなんでもやろうと飛び込んで仕事をしていたら、持ち前のコミュニケーションスキルを発揮して人材採用の領域で大活躍、みたいな未来もあるかもしれない。

この場合、経験や過去は「いつか活きる能力」であって、未来を限定するものではない。

このように、僕らはこれまでやってきた仕事をリセットし、新しいキャリアを選ぶことができる。

逆にいうと、過去にしがみつき、正当化しなければならないのは、自分のスキルがわかっていなかったり、自分の価値観がわかっていなかったりするからだと僕は思う。

「キャリアの長期プラン」をつくってはいけない

僕はもともと逆算思考だ。

たとえば高校時代は自分なりに調べた結果「将来は三井物産に就職しよう」と決めて、そこから逆算して「慶應の経済学部に行く」と決め、そのために必要なことを極限まで絞って最小限の勉強をした。予備校にも通わなかった。

同級生たちの多くは自分の偏差値から行けそうな大学を選んでおり、進学校だったから「慶應を受けるなら早稲田も」という友人も少なくはなかったが、僕は一択だった。

一択にした裏には、父が経営していた会社の状況を考えるとお金をかけたくなかったという理由もあるけれど、何よりも「無駄がない」という最大のメリットがあった。

また、勉強のために何かをあきらめるという価値観を僕は持っていなかった。3年生になっても引退せずにラグビー部を続け、彼女とデートもするには、いろいろな勉強をやみくもにやっている時間はない。一方で、学力でいえば同級生には全然勝てるレベルではない。そんな自分が、的を絞らずに勉強して合格するわけがないと思っていた。

そこで僕は、「受験＝情報処理ゲーム」と捉えることにした。何が必要で何が無駄かを見極めて、勉強するのだ。この観点に立つと、早稲田と慶應はまったく問題の傾向が違う。同時に受けるなんて、弁護士と会計士を同時に目指すようなものだ。

また、当時の慶應の経済は受験科目に国語がなく、数学で受けられる唯一の文系だった。そもそも私立文系は数学が苦手な人が多いので、勇気を持って慶應経済に絞る、つまり国語を勉強せずに数学を勉強すればそれだけで大きなアドバンテージだ。また、数学というのは経済を学ぶうえでマストだから将来的にも合理的だ。ついでにいえば、慶應の歴史の試験は近代以降からしか出題されなかった。経済学に関係するのは産業革命以降の出来事だから、これも無駄がなくていいし、範囲を絞れるからこれも他大学を併願する人に対するアドバンテージになる。

この逆算思考は、形式が決まっていて、短いスパンの目標に向かうときに効く戦略だ。逆にいうと、これを長期スパンでやるのは無理がある。

たとえば高校3年生の僕は5年後の「三井物産に就職」というキャリアプランから逆算して慶應に合格できたが、実際に入社したのは住友銀行だ。

また、大学のカラーはそうそう変わらないが、ビジネスの世界は違う。たった数年で潰れるはずのない大企業が潰れ、市場は一日で変わりうる。

さらに今は僕が高校生だった25年前とは違い、時代の変化がすさまじく速い。そんななかでキャリアの長期プランをつくったところで意味がない。したがって逆算も難しい。

僕の個人的な感覚では、5年プランはありえないし、3年でも長すぎると思っている。ましてや人生が100年もあるなら、そんな長い時間軸で未来を見通せるわけがない。

現実として僕は「5年後の自分」を予想できていたためしがない。銀行にいたときは銀行ですごくうまくいっていて、最後の1年であっても翌年にファンドに行くなど想像すらしなかった。

それでも企業買収ファンドに移ったわけだが、MBAよりも現場のほうが学びが多いと思っていたので、やがて留学してMBAを取るなんて全然考えていなかった。また、ファイナンス業界のアドレナリンでびしょびしょ状態のなか、NPOをやるなんてありえなかったし、起業するというイメージもなかった。

「一貫性の罠」にははまらない

時代は変わるし、自分の興味や関心も変わる。長期プランというのは堅実そうだが、**不**

確実な時代に無理やり長期プランを立てると、方向転換のタイミングを逃したり、間違ったキャリアプランにいつまでもしがみついたりする羽目になるだろう。

「私には長期プランがあって、今は目標に向かって頑張っている途中だから」と言えば、なんだか格好いい一途なセリフに聞こえるが、実はチャレンジしない言い訳だったりする。長期プランを立てると「今は準備段階だから、成果を出さなくてもよい」などと、自分のなかに甘えが生まれてしまうからだ。

皆さんの周りにもいるだろう、「今の部署で3年くらい経験を積んでから起業する／転職する」と言いながら、結局アクションをしないで何年も経っている人が。まだ準備ができていないから今は自分に投資するべき、などと言いながら、ずるっと遅れていく。

また、一途というのは、方向転換がきかない不自由な状態でもある。あまりに明確なゴールを設定し、そこに向けて走り始めてしまうと、前提としている社会や自分の興味関心が変わっても、「これを目指す！」と宣言した自分の言葉に嘘がつけなくなってしまう。

無意識のうちに、一貫性を維持しようと心の片隅にある違和感を押し殺し、時にはチャンスを逃すことにつながってしまうのだ。

この「違和感」こそ、時代への適応だったり自分の成長だったりすることを、忘れずにいたい。

03

セルフリーダーシップを持つ

自分で目標を設定するという「権利」

さて、そろそろ話を整理しよう。

絶対に変わらない外部要因は「長く働くこと」。

そのために必要な「個人の力」が三つあり、ひとつめはスキル、二つめは自分の価値観だ。

「スキル」は唯一無二のものでなく複数あるべきだし、更新されていくほうがいい。

長期プランが意味なしになるほど変化の激しい時代だから、「自分の価値観」というブレないものが必要だ。

未来予測はできないと書いたが、それはすなわち、誰も先のことまで見通せないということだ。それは会社も同じで、あなたが80歳まで働けるような目標を設定してくれる企業は存在しないし、そんなリーダーもいないだろう。スキルを得て成長できるような課題を与えてもらうのを待っていても、誰も与えてくれないし、何も見つからないだろう。

もしもあなたが起業していたり、フリーランスだったりすればなおさらだ。

目標を自分で設定し、課題も自分で見つける。今後はこれが当たり前になっていく。僕はそう考えている。

「ああ、なんとシビアな時代なんだ」とあなたは思うだろうか？　確かにそうかもしれないし、目標も課題も自分で見つけるというのは、自分に責任を持つということであり、簡単なことではないかもしれない。

だが、僕はそういう感想を漏らす人に会うと、子どもの頃、父が言っていたことを思い出す。

「先生だろうが親だろうが、気にしなくていい。自分のことは自分で決めていい」

これは一風変わった自由人である父が、折に触れて口にしていた言葉だ。数十年経った今も僕のなかに染み込んでいるが、よく似ているのに本質が異なる言葉がある。

「自分のことは、自分で決めなさい」だ。

「自分のことを自分で決めなさい」と命令されたら、それは他者に動かされた営みとなり、たちまち脅迫的な義務になる。シビアだし、プレッシャーだ。「人生100年、80歳まで働くには自分で目標を決めて、課題を見つけなさい!」と言われたら、僕だって嫌だ。

だが、僕の父が言う「自分で決めていい」は、自分の意志から生まれる行動であり、自由につかみとる権利だった。子どもの頃はここまで深く考えていなかったが、「自分のことは自分で決めていい」というのは、**義務でなく権利だ。**この違いを押さえておくと、無用なプレッシャーを感じずに済むだろう。

無理に人と違うこと、自分らしさを追求する必要はない。ただ、心に何かが生まれたときに、軽やかに権利を行使したらいいのだ。

「社会システムの部品になる」から「自分というシステムづくり」へ

目標を決めるのは自分。

実行して達成するのは自分。

評価するのも自分。

これをひとことで言うと、「セルフリーダーシップを持つ」ということだ。仕事を探すにしろ、変えるにしろ、何かの目標を立てるにしろ、自分を動かし、その都度、意思決定を下す。この**「セルフリーダーシップ」こそ、人生100年時代に必要な「個人の力」の三大要素のその3**だと僕は考えている。

どうやって心を満たす仕事を見つけるのか？

見つけたとして、どうやって一歩を踏み出すのか？

そんなときにはセルフリーダーシップを発揮して、自分で自分をリードしていこう。

人生80年時代は、社会システムのなかでよりよく機能する「社会の部品」になることが、働くうえでは効率がよかった。みんなが同じようなことをして機能するシステムだったから、個人は部品であるほうがスムーズだったのだ。

だが、その社会システムは崩壊し、未来予測が圧倒的に難しくなったのが人生100年時代だ。特に人口が減っていき、マンパワーが全体として落ちていくこの国では、一人ひとりが「自分というシステムづくり」をして、個の力を強くしなければ、社会全体を維持していけなくなるだろう。

ただし、セルフリーダーシップを発揮するというとき、絶対に無理はいけない。ワンマ

80歳になるまで働くための「個人の力」三大要素

①スキル
複数のスキルを持ち、新たなスキルを
獲得し続けること。

②自分の価値観を持つこと
個人のスキルと価値観は、
どんな仕事にも応用が効く。

③セルフリーダーシップ
目標を決めるのも、実行して達成するのも、
それを評価するのも自分。

ンで強権的なリーダーが力ずくで引っ張っても、部下が誰もついてこないのと同じことが、自分のなかで起きてしまう。

また、個人のシステムには限界があるから、他者というシステムと協働してこそ、可能性が広がる。「個人の力」を持ち、自分というシステムづくりをした一人ひとりが、ゆるやかなネットワークをつくる。僕はそんな社会が理想だと考えている。

「心が満たされる好きなこと」でしか稼げない

仕事はしんどいことも多々あり、僕たちはそれを長く続けるのだから、モチベーションを維持する源泉が不可欠だ。かつてそれは組織のなかで評価されることだったり、昇進・昇給だったりしたが、これからは違う。

仮にあなたに「よくやった！」とほめてくれる最高の上司がいたとしても、永遠にその人が上司というわけではない。尊敬できるカリスマ社長のもとで認められるのもいいが、「誰かに認められる」という他者評価は絶対ではない。人の思惑に縛られるというのは、過去の経験に縛られるのと同じで、未来の選択肢を狭めることになる。

昇進や昇給がモチベーションになる時代も過去の話だ。80歳まで働く社会では定年まで昇進や昇給が続いていくことなんてありえない。年齢とともに思うように働けない苦しみと向き合うこともあるだろう。

そこでこれからのキャリアには、**「その仕事で、自分の心が満たされるか？」**ということが大切になると僕は考えている。

心が満たされること、それこそ働くモチベーションの源泉となるし、厳しい状況の中でセルフリーダーシップを発揮する条件だ。

心が満たされる好きなことは自分の価値観に合致していることが多いし、そこで頑張れば自分のスキルにもなる。セルフリーダーシップを発揮して、心が満たされることを夢中でやり続けていたら80歳になっていた。ふと振り返ったら、その道のりが自分のキャリアだった——これは最高のハッピーエンドだ。

「お金か、やりがいか」という議論はしばしばなされているし、もちろんお金は必要だ。特にこれからの少子高齢化、そして人生100年時代を考えると、これまで以上にお金が大事だともいえる。個人の力その1であるスキルには、「稼げるスキル」という面が備わっていなければいけない。

そして逆説的だが、**「稼げるスキル」は、「稼ごうとしない」ことで手に入る**時代になっているのだ。なぜならば、長期にわたり働くことを考えると、今稼げるスキルは、将来稼げるスキルだとは限らないからだ。

時代に合った新しい稼げるスキルは、「たとえそのときは稼げなくても、本気になって頑張れる」仕事を通じてでしか身につけられない。だからこそ、心を満たす仕事をすることが大事だ。

好きなことであれば人は頑張れるし、好きで得意で頑張れる仕事のほうが、お金をたくさん稼げる確率が高くなる。長く働き続けるには、我慢ではなく、やっていてわくわくすることを見つけるべきだ。その意味で、心が否定するものからは、全力で逃げたほうがいい。

スキルはひとつでなくていいから、「そこそこ好きで、わりと稼げる仕事」と「稼げなくても心満たされる仕事」の二つを持つというスタイルもいいだろう。

やるべきことを一生懸命やりつつも、自分の価値観に従って「ああ、こっちかも」と思ったら違うやり方もとれる、ゆるやかなスタンス。この過去に縛られない自由なスタンスが、得意で好きなことを仕事にするためには大切だ。

結論は出た。
では、どうすればいいのだろう？

第1章の結論を数式で表現すると、このようになる。

個人の力＝スキル＋自分の価値観＋セルフリーダーシップ

厳しい現実に直面するこれからの時代に、これは理想論だろうか。

それとも、理想と現実のギャップを埋めていく工夫をすることが、「よりよいキャリア」「よりよい自分」「よりよい世界」を手に入れるためのリアルな方法だろうか。

どちらかはあなたの価値観で判断していただきたいが、後者であるというのが僕の価値観であり、本書はその観点で書かれている。

では、どうすればいいのだろう？

それについて、第2章からより具体的に考えていこう。

理想主義者
のための
実用的なTIPS1:

知的財産をつくる「一人読書合宿」

人口動向、未来予測などエビデンスベースの精度が高い情報を得る。自分なりの未来観、社会観をアップデートする。意思決定の判断基盤をつくる……読書はその際役に立つ。

だが、まとまった時間はなかなかとれない。移動中の電車やカフェでは細切れ読書になり、思考が途切れたり飽きたりして、効率がよい読み方にはなりにくい。

そんなときには「一人読書合宿」を試してみよう。2泊3日モデルを紹介する。

■ 準備

Day 0-1 テーマを決める

「政治・経済・文化・技術の未来について、自分に影響を与えそうなものを理解する」など、ざっくりでいいのでテーマを決めておく。

Day 0-2 読む本を選ぶ

ネット書店で気になる本、関連に表示されて評価が高い本をウィッシュリストに入れる。書店をめぐり、ネットでは出会えなかった本を発見しながらウィッシュリストに入れる。SNSに「このテーマの本を読みたい」旨を投稿し、友人・知人にレコメンド本を教わり、ウィッシュリストに入れる。だいたい20冊くらいが目安。

Day 0-3 宿をとる

外に食べに行く時間がもったいないので1泊2食付き。お財布にやさしく、ただし気が滅入らないような宿がいい（理想は温泉付き）。移動に時間がかからない近場もポイント。

Day 0-4 持ち物

ペン、大小の付箋紙、ノート、PC、マインドマップツール、ポケットWiFi。肝心の本はネット書店で注文し、直接宿に送る手配をする。事前に連絡しておけば当日フロントで受け取れる。20冊程度の本を運ぶのは重たすぎるし、旅の荷物は身軽がいい。

■合宿の進め方

Day 1-1 本のカバーを全部外す

些細なことだけれど大量に読むには手に馴染む必要がある。これだけでストレスが激減だ。

Day 1-2 読んで、考える

読むといっても全ページではない。「まえがき」をちゃんと読み、目次を読もう。そこからその本の主張を想像し、そのなかで自分が知りたいことや疑問について考える。

Day 1-3 大きな付箋メモをつくる

大きな付箋紙に、1-2で考えた知りたいことや疑問を書き出す。

Day 1-4 小さな付箋を貼りながら全ページをめくる

全ページを一気にパラパラめくりながら、章タイトル、小見出し、太字、グラフや表など、目につきやすいところだけを高速で見る。自分が知りたいと思ったことが書いてありそうなページに小さい付箋紙を貼っていく。

1〜4を20冊分、一気にやる。ほぼ1日かかるが、ちゃんと読まなくてもどの本に何が書いてあるか全体像がわかるし、あとから読みたいところを検索するスピードが上がる。何より重要な効果は、「全ページ読んだ」という気持ちになれること！

Day 2-1 マインドマップにイシューを書き出す

大きい付箋紙を眺めながら、前日に書き出した自分が知りたいことや疑問点などに目を通し、そのなかでも大きめのイシューをマインドマップに書き出してみる。

（イシュー例）

・2025年までに個人の「働き方」「生き方」「幸福」はどのように変化し、ココナラは何に対応し何を先導するのか？
・確実に変わる外部環境とは？／現在の「働く」に関する問題
・人生100年時代の働き方／働き方がアップデートされた後の企業のあり方
・これからのお金や経済のあり方はどう変わるか？
・人生100年時代の幸福とは・テクノロジーが与える変化は？

Day 2-2

イシューベースの書き込みを行なう

大きめのイシューに小さめのイシューをつなげていき、それに対する答えが書いてありそうな本（小さい付箋紙が貼ってあるページ）をざっと読んで、さらに書き込む。

じっくり読み込みたい欲求は抑え、イシューに関連することだけを読んで書いていく。くれぐれも本の要約ではなく、自分のイシューベースの書き込みをしよう。

Day 2-3

マインドマップを完成させる

この作業を繰り返していき、マインドマップを書き終わると2日目が終了。

マインドマップが合宿の成果物であり、財産である。ここには自分が気になる大きなイシューとそれに対する仮説が体系的に書かれていて、当面はあらゆる読書をこのイシューの塊を強化・アップデートしていくかたちで行なうことができる。独立した20冊が、実は深いところでどうつながっているのか、多くの有識者が当然に前提であると考えている要素は何かといった視点が手に入るので、その後の思考レベルが一段上がるのだ。

Day 3

リフレッシュして職場に向かう

合宿終了。早起きし、しっかり朝ごはんを食べてそのまま出勤。リフレッシュされた気持ちと頭で仕事に取り組む。

第 2 章

成長は意思決定の数に比例する

01

ストレングスファインダーは存在しない

「自分探し」は若さの浪費

自分のスキルと価値観が定まっていれば、やりたいことに自然と出会える。

だが、最初からスキルがある人はそういないし、生まれつき自分の価値観をしっかり持っている人もいない。

たとえば、あなたがまだ社会人経験のない学生だとしたら、率直にいって、「なぜ働くのか（Why）」「どんな仕事をしたいのか（What）」「どうやったらうまくいくのか（How）」のすべてにおいて、実際に肌身で感じた経験は少ないはずだ。スキルがなく、価値観もわかっていない状態で、一生の仕事を決められるはずがない。

就活の時点で「一生の仕事を見つけた！」と言っている学生を見かけると、よくもまあ自分の能力や判断力をそこまで信じられるものだと、その無邪気さに驚かざるを得ない。

その点、社会人であるあなたには、これまでのキャリアがある。仕事の手ごたえ、成功と失敗、好き嫌いもある程度、わかっていると思う。どうやったらうまくいくのかという自分のフォームもあるだろう。

しかし、これから80歳まで働くという新しいゲームが始まるなら、これまで蓄積したスキルだけでは足りない。キャリアの長期プランを立てても意味がないことは第1章で述べたとおりで、「仕切り直し」が必要になってくる。少なくとも、これまで蓄積したスキルにこだわるあまり過去の編集をしたり、一貫性の罠にはまってチャレンジをあきらめたりしたらもったいない。

そこで改めて自問してほしい。

「なぜ働くのか（Why）」
「どんな仕事をしたいのか（What）」
「どうやったらうまくいくのか（How）」

あなたは答えられるだろうか？　もしかすると、出てくる答えはHowばかり、あるいは抽象的なWhatばかりではないだろうか？

もしWhyへの答えが確固としたものなら、この本はあなたに必要ない。

だが、かつての僕のようにWhyへの答えがクリアではなく、詰まってしまうのなら、この本は必ず役に立つし、ぜひとも使い倒してほしい。


「なぜ働くのか？」という問いに明確に答えられない人は、自分のスキル、価値観が正確にわかっておらず、その状態でセルフリーダーシップを発揮することは難しい。だからみんな、自分の強みを探し当てる「ストレングスファインダー」を欲しがるのだろう。

ストレングスファインダーとは、2001年に刊行されベストセラーとなったビジネス書『さあ、才能（じぶん）に目覚めよう』（マーカス・バッキンガム他著、日本経済新聞出版社／2017年に新版が出ている）で有名になった才能診断ツールのことだ。自分の強みを見つけるためには、まず「自分を知ること」が大切だというのは、ビジネス書の提言としては王道であり、僕はそれに逆らうつもりはない。正しく使えばとても有益だと思っている。


ただし、ひとことだけ付け加えたいのだ。

「自分を知ろうとして自分探しをするのは、若さの浪費だ」と。

あなたが20歳なら20代という若さを、あなたが40歳なら40代という80歳の半分に過ぎない貴重な若さを、まったく意味のない営みに費やすのはもったいないではないか。

自分探しはいらない。まずはこの話から第2章を始めよう。

「自分らしさ＝人と違うこと」ではない

僕は「自分らしく生きること」が自分のゴールだと思っているし、「みんなが自分らしく生きて稼げる世の中にすること」を目指して起業し、その考えのもとでスキルのフリーマーケット「ココナラ」の事業を拡大している。

同時に僕は、だからこそ「自分らしさ」ほど危険なワードはないと思っている。

なぜなら「自分らしく生きる＝人と違うことをして生きる」という勘違いが蔓延しているからだ。

「自分らしくあれ」「個性が大事だ」とあまりに言われすぎると、価値観が定まっていない人は「何か人と違わなきゃいけないんじゃないか」と誤解してしまう。

「人と違っていること」がゴールになると、自分らしさを見失う。これはとても単純な話で、白いTシャツが自分らしいのに、「みんなと違っていないと自分らしさじゃない」と思うあまり、好きでもなく似合いもしない赤いTシャツを選ぶようなものだ。

本当の自分らしさは、みんなと同じ白いTシャツを着ていても自然に出てくるのに、なぜ無理をして赤いTシャツを着る必要があるのだろう？　また「人と違う」というのは曖昧だから、真面目な人ほど、赤いTシャツどころか「赤と紫のボーダーTシャツ」みたいな、特異なものじゃないといけないと悩むかもしれない。

Tシャツなら着替えられるが、キャラクターはそうそう取り替えがきかない。らしくないことは疲れるし、評価されないし、稼げないし、何より心が満たされない。最悪である。

「普通と違う」「常識からはみ出す」というのは、全部似たような危険ワードだ。

そもそも人が「普通の会社は〜」「普通の人は〜」というときの「普通」というのは、どこにも存在しない、その人にとっての「理想の会社、理想の人」だったりする。

「普通の家ならなんでも買ってくれるよ！」という子どもとさして変わらない。

普通や常識という、誰がつくったかわからない謎の価値観に合わせたり、同調圧力に従ったりするのはおかしな話だが、普通や常識にひたすら逆らうというのも、それと同じくらいおかしな話だ。自分ではなく、普通・常識を基準にして行動するという点で、合わせるのも逆らうのも根っこは同じ。こんなことをしていたら、自分の価値観がますますわからなくなるだろう。

僕の個人的な話をすれば、いわゆる常識的なことも、反常識的なことも、どちらもやる子どもだった。それがその頃の僕の「自分らしさ」だったのだと思う。

「自分のことは自分で決めていい。おまえの人生だから、おまえが決めて好きに生きろ」そう言い続けた父は、オール5を取っても「よくやった」の一言すらなかったし、やんちゃ盛りの中学時代、僕が夜中の1時に遊びに行っても文句ひとつ言わなかった。ただただ、見守ってくれていたし、やりたいことは応援してくれた。

徹底した放任主義。その父のもとでいつのまにか、**「みんなと同じだろうと違っていようと、自分がいいと思うことをやる」**という習慣ができていった。前述したように逆算思考だったから、「合理的にやるべきこと」だと思えばきっちりやっていた。夜中には世間からたしなめられるような行動をしてしまいつつも、夕方はちゃんと勉強して成績は上げていくという具合だ。

キャリアプランは内外から変化する

学園祭で人を乗せた気球を飛ばして許される。そんな桁外れの自由がある愛知県立旭丘高校から、僕は予定どおり慶應義塾大学経済学部に進んだ。在学中アメリカに留学したのも、「三井物産」という、高校時代に自分がつくったキャリアプランから逆算してのことだ。だが、いくら逆算思考でキャリアプランを立てたところで、そのとおりにはいかないことを、僕は早々に知ることになる。

僕が大学生だった1990年代後半は、不穏な時期だった。95年1月に阪神・淡路大震災、3月に地下鉄サリン事件と暗い出来事が続いた。バブル崩壊による地価の暴落で、住専（住宅専門金融会社）の回収不能不良債権が6兆5000億円に膨れ上がっていたのもこの頃だ。97年11月に三洋証券、北海道拓殖銀行、山一證券が立て続けに破綻。日本経済は大混乱に陥った。

警察庁の発表によると、毎年2万人ほどで推移していた日本の自殺者数が一気に増加し、98年に初めて3万人を超えた。過去最多記録の3万4427人は2003年だ。

世の中がどんどん悪くなっていくことを体感しながら、僕は「商社じゃないな」と考え始めた。

「頑張って働いている人がリストラされる時代が来た。なんとかしないと」

それは、商社の仕事ではないと思った。

僕のケースは「キャリアプランは外部要因で変わる」という例にもなるだろうが、混乱のなかでも商社は生き残ったのだから、予定どおり商社を受けることもできた。それをしなかったのは、自分の気持ちという「内部要因」が変わったためだ。

就職でも転職でも起業でも、情報を集めたり時流を読んだりして目標を定め、そのために必要なタスクをクリアしても、そもそもの自分の気持ちが変わることもある。

最終的な意思決定の基準は、常に自分の気持ちにあるということだろう。

なんとなくでもいいから心と向き合う

僕が就職の志望を変更したのには、もうひとつ理由があった。

そもそも経営状態が悪いところに不況の影響を受け、父の事業も深刻な局面を迎えたのだ。名古屋の実家に帰ると、両親は必死で働いていた。今までは夜7時に母が作った夕飯を家族で食べていたけれど、父も母も遅くまで仕事だから、ばあちゃんと妹だけがひっそり飯を食っている。僕は奨学金制度を利用していたが、それでも子どもを東京に出すのは大変なことだ。

「大丈夫、おまえが心配することじゃない」

父はそう言って笑っていたし、母も僕のために苦労しているなどいっさい漏らさない人だったけれど、自分が両親にとんでもない負担をかけているのはわかっていた。

父は自由でアイデアに溢れ、ものづくりが得意な人だ。写真、ロードバイク、バイオリンといった趣味的なことからプログラミング、中国語、3Dプリンター、クラウドファンディングまで、ありとあらゆることに興味を持ってプロ級にマスターしてしまう。

そんな父でも、マネジメント能力だけは欠けていた。人情で採用するような合理性に欠けたところもあった。母から聞いた話では、親友が経営、父がものづくりという分担で起業する予定だったのに、親友の事故死でやむなく単独で経営者になったという。

「父のように優秀でも経営がうまくいかない人はたくさんいて、今、そういう会社がどんどん倒産しているのではないか」

「企業再生を仕事にして、経営が苦手だけど才能がある人の参謀になりたい。リストラされる人たちを助けたい」

大学3年生のときに父を見ていて生まれた思いは、僕のなかに住みついたのだ。


これは「僕だけは皆さんと違って、就活の時点で自分の価値観もやりたいことも、なぜ働くかもわかっていました！」という素敵な自慢話をしたいわけではない。

もちろん「参謀になりたい」という気持ちに嘘はなく、それどころか突如として使命感すら感じていたが、実のところ自分のスキルも、具体的にやりたいこともわからず、ひとつの仕事に強い思い入れを持てるような「確固たる自分の価値観」もなかった。所詮、学生の価値観である。「なんとなく」の域を出たものではなかった。

ただし、「ものづくりの天才」だった父とは明らかにタイプが違うというのはわかった。父のようなセンスも、納得いくまで粘ってつくり続ける根性もなく、何よりそれほど好きじゃない。比べてみれば、知識勝負の仕事が向いている気がしていた。

そして、なんとなくの価値観であろうとも、価値観と向き合って進路を考えたこと自体はよかったと思っている。どうであれ、仕事をしていくなかで苦しい時間というのは発生する。その際に、どこの業界が生き残りそうだとか、どの職が市場価値が高そうだとかといった、頭で考えたこと、あるいは人から聞いたことだけでは、モチベーションが続かない。

なんとなくでも「自分の心が求めた」と思っているからこそ頑張れるし、その結果が、「これだ」「これじゃなかった」という価値観のブラッシュアップにつながるのである。

02

意思決定は価値観で行なう

最高の人と出会うのではなく、出会った人を最高の人にする

1999年、僕は住友銀行に入行した。

高校時代から商社に行くと決めて大学も留学も決めたのに、いきなり金融。自分のやりたいことがあっけなく変わったわけではない。そのときそのときの自分の価値観に従って意思決定し、キャリアを決めたのだ。

「はじめに」で述べたとおり、人生において絶対の正解は存在しない。もしかしたら予定どおり三井物産に入ってアフリカで得難い経験をする人生だったかもしれないし、リーマン・ブラザーズに入ってもっとドラマチックに生きていたかもしれない。

どれが正解かはわからないし、確かめる術はない。どうせわからないなら、**そのときの**

自分の気持ちに正直になることが、最良の意思決定になると僕は信じている。キャリアはそのときの自分の気持ちに従ったし、結婚についても同じようにした。

僕は卒業を1カ月前に控えた大学4年生の2月に、交際中だった妻と入籍した。彼女と出会ったのは留学先のアメリカ。それなりにドラマチックなこともあったが、ここでは省く。結婚しようと考えたときに僕を動かしたのは、「自分には彼女しかいない」という甘い感情ではなかった。

僕はむしろ「世の中は広い。彼女以外にも素敵な女性はいるし、これから出会いは増えるだろう」と当たり前に思った。だが、まだ見ぬ「もっといい誰か」と相対的に比べずに絶対基準で考えたら、明らかに彼女は僕が一番好きな人だった。

「世界で一番自分に合っている人」と結婚しようと考えたとして、どうしたらそれが叶うのだろう？　女性が30億人いても、片っ端から交際することはできない。何より、「もっといい誰か」がいるという発想では、何か困難にぶつかるたびに次の人を探すことになるか、あるいはそれが怖くてずっと決められないまま一人でいるかになってしまう。

もう少し現実的に、たとえば「僕は30歳までに結婚する」と期限を区切り、3人くらいと交際して決めることもできるが、3番目の相手が正解とは限らない。30億択から選ぼうと、3択から選ぼうと、1択から選ぼうと、正解率が高くなったり低くなったりはしない。選んだ人が「世界で一番自分に合っている人」になるかどうかは、自分と相手という変数によって変わるからだ。

だったら、「今」最高だと思う人と結婚する、と意思決定する。早いうちから一緒にスタートを切り、その人が最高の人になるように、覚悟を持って一緒に歩んだほうがいい。もちろんうまくいかない可能性もあるだろう。ただ、**心のなかで「もっといい誰かがいる」と思いながら一緒にいるよりも、一緒にいる時間を積み上げて自分にとっての世界一の関係を目指すほうがよほど合理的で幸せな決定だ。**

キャリア選びにしても同じだ。「最高にやりがいがある天職」がどこかにあると信じて、つらくなるたびに「ここではないどこか」を探して10の仕事を試すよりも、正解か不正解かわからなくても、「そのときの自分の最高」を信じて1の仕事を選ぶという意思決定をし、そこに全エネルギーを注ぎ込んだほうがいい。最終的にいくつの仕事をすることになるかはわからないが、そのほうが、結果として遠くまで行ける。

自分の価値観を信じて素早く意思決定ができれば、人より半歩早く、そして力強く動けるから、それだけ可能性は広がると僕は思っている。

論理は感情に勝てない

僕は合理主義者だから、「企業再生をやりたい！　父のような経営者やリストラされる人を助けたい！」と理想に燃えつつ、計算もしていた。

「経済がやばいなら、激変のまっただ中の金融に行こう」と一見無謀な考えを持って就職活動をしつつも、「負け組の銀行や証券はこれからバタバタ潰れていくだろうけれど、勝ち組で残っていくところなら面白い経験ができる」と考えて、潰れない勝ち組だという判断材料が揃った住友を選んだ。

妻にしても一番好きな人だったけれど、「この人なら俺がいきなり海外転勤になってもついてきてくれるだろう。キャリア志向の強い女性と結婚したら、自分のキャリアをどうするかは、妻の事情も鑑みて決めなくてはならない。きっと自由度が低くなる」という計算もしていた。

嫌な奴だと、あなたは思うだろうか？　まあ、そうかもしれない。

だが同時に、僕はこうした合理的判断や論理は、一瞬で吹き飛ぶものだと思っている。

僕は社会人になってからオックスフォード大学に留学してＭＢＡを取ったが、ＣＳＲ(corporate social responsibility：企業の社会的責任）の授業のとき、国際的な大手石油会社の人の話を聞く機会があった。

「自分たちはアフリカでこんな事業を展開して人道支援も行なっている」という話で、極めて真っ当。ところがクラスには、そのアフリカの国から来ている生徒が数名いて、ものすごい剣幕で立ち上がると、泣きながら抗議を始めたのだ。

「いったい何を言ってるの！　たとえ今いいことをしたとしても、私たちの国のリーダーを死に追いやったあなたたちのことは、一生許さない」

その国で昔に起きたことの詳細はわからないし、どこまでが思い込みなのかもよくわからなかった。ただ、その場の議論はＣＳＲどころじゃない迫力で、そこに理屈があるようには思えなかった。企業側がどんなに正しい取り組みを合理的に行ない、彼女たちがそれを論理的には理解できたとしても、感情の部分ではどうやっても受け入れられなかったのだ。いったん感情を逆なでしてしまったら、企業側がどれだけ合理的な説明をしても、もう届かない。

詳しくは後の章で書くが、オックスフォードのビジネススクールは徹底して社会起業を教えることで知られている。エシカルマーケティングや国民感情については授業で習ったけれど、「論理は感情に勝てない」と目の当たりにしたのはこの出来事だけではなかった。国際的な紛争、地政学的な権力ゲーム、どれも感情によって動いている。マッテオ・モッテルリーニの『経済は感情で動く』は世界的ベストセラーだが、氷山の一角だ。すべての論理は感情に勝てない。

就職した頃はここまで言語化できていなかったが、今、この原稿を書きながら、「正しい意思決定は感情的にならずに行なう」という通説は、大きな間違いだと僕は感じる。自分らしさはわからないから、相対的に考える程度で深追いせず、そのときの価値観で「いいな」「好きだな」と思ったことをやると決める。

ざっくり選択肢を絞るために合理的に計算高く綿密に考えるのはいいけれど、最終的な意思決定は、やはりそのときの価値観からくる感情に従って決めたほうがいい。

ずっと考えて、調べて、計算していたら、永遠に意思決定などできない。選択肢の海に溺れて、キャリアのスタートラインにすら立てない。転職しようか起業しようか今の会社にとどまろうか考えているうちに、選択肢も今の会社も消えることだってあるだろう。

03 意思決定の数を増やしてスキルを上げる

目の前のことを本気でやる

必要以上に悩むことなく、自分の直感を信じて意思決定したら、あとは目の前のことを本気でやるしかない。本気でやってみて初めて、「これはおかしい」とか「こっちのほうが楽しい」と、自分の本音がわかるからだ。

本気にならず、「70点目標」くらいのぬるさでこなしてしまうと、仕事は単なる業務処理になる。自分のなかには何も残らず、成長もできず、「自分は何が好きで得意か」は、永遠にわからない。

人生100年時代、個人の力に不可欠な「スキル」も「自分の価値観」もボケたままで年月が過ぎ、いつしかあなたは会社の部品になっていく。壊れてしまうかもしれないシステムの部品に。

だが、目の前のことを本気で一生懸命やると、「これはなんだろう?」と好奇心がわく。「やっていて楽しい、おもしろい、役に立っている実感がある」「これをもっと追求したい」という愛情がわく。

あるいは「こんなに頑張ったのに理解されない」とか「世の中にはなんでこんな問題が放置されているのか」という怒りがわく。

ひょっとすると「明らかに向いていない。実は大嫌いだった」という驚きが生まれるかもしれない。

この好奇心と愛情と怒りと驚きこそ、次に進むべき道、キャリアの方向を教えてくれる、ごちゃまぜの尊い感情だ。みっともなくて不合理で無様な感情こそ、「こうしたい」と意思決定をする強さをくれるエネルギー源となる。

この仕事をやるか、やらないか。方針を変えるか、変えないか。

本気で取り組んでいれば曖昧さが耐えられないから、おのずと意思決定の数も増えるし、それに比例して成長していくことができる。**どんな仕事でも本気でやるのが鉄のルールだ。**

あなたがベテランであるならなおのこと、目の前のことを本気でやってみてほしい。「これはありえない」という怒り、「こんなことに人生を使っていいのか」という絶望といった感情は、その道が間違っていること、あなたには他の可能性があること、方向転換をするチャンスは今だと教えてくれる声になる。こなす感じでなあなあで働いていたら、それすらわからなくなってしまう。

一生懸命にやる。愚直にやる。本気でやる。

これまでの経験は捨てて素直に学び、好奇心カードを補充する。

これは若手でもベテランでも、長く働きたい人であればマストだ。本業以外のことであっても、好奇心がわいたなら本気でやってみるといいと思う。

本気でやるとキャリアが始まる

さて、意思決定をして銀行に入ったものの、僕がいきなり企業再生を任されるわけもなく、「次は調査部に行きたい」と思いながら、女性行員とおじさんばかりの支店に配属された。そこで決めていたことは二つある。

ひとつは目の前にある仕事を本気でやること。

支店の仕事は泥くさい。そして僕が担当した住宅ローンの仕事は人間くささで満ちていた。

たとえば50代半ばの男性が、ワンルームのローンを申し込んできた。離婚後に自分が住むためのものだという。これから調停で慰謝料、養育費を決めると聞けば、キャッシュフローが不明瞭だから審査は通らない。そこで僕は奥さんとの馴れ初めから離婚理由まで聞き出してローンを組むことに成功した。

「僕はあなたの息子の年齢ですが、洗いざらい打ち明けてくださいよ。審査は一発目にどう話すかが大事なんです。一緒に作戦を立てて、一緒に説得しましょう」

また、バツイチ同士で結婚するにあたり、新居のローンを組みたいという顧客もいた。二人とも40代終わりで、「一生一人で生きる」と決めて一人暮らし用の終の住処を購入していた。それでも人生には何が起きるかわからない。ローンを払っている途中で、これから一緒に生きたい相手と出会ってしまったのだ。

おひとりさま用とはいえ、二人とも結構いいマンションを持っていたから、ローンもたっぷり残っている。新居の頭金とそれぞれのローンの残りを合わせて、8000万円借りたいという。だけど、定年まであと10数年の人に、そんな大金を貸す銀行はない。何十行も断られて、僕のところにやってきた。

「新居の頭金がつくれない、結婚できない」という悩めるカップルと一緒になってあの手この手を考え、ようやくローンが組めたときは大感激され、お礼と結婚報告の際に、高知の「南」という日本酒をプレゼントされたりした。

他行のグループ企業の方だったので、誠実に考えて他行のローンを勧めたら、その誠実さを気に入ってくれて僕と契約してくれた顧客もいた。

こうして泥くさくやり続けた甲斐があり、住宅ローンのノルマでは2年連続で支店の最高記録を更新。目の前の仕事を本気でやって、文句を言わせないくらいに成績を上げた。

数字になる仕事だけが仕事ではない

女性ばかりの支店では、女性とうまくやっていく「女性マネジメント」も目の前にある自分の仕事だと考えていた。あらゆる事務処理をお願いする彼女たちの協力がなければ、いい仕事はできない。

僕は新入社員でも既婚者だから余裕はあるし、おじさん上司よりも年齢が近いぶんだけ若い女性の気持ちがわかる。

彼女たちの不満の根源は「誰も見てくれていない」だった。

銀行というのは厳しい職場だ。お金を扱っているからお客様に背を向けるのもダメ、トイレに立つのもダメ、席で飲み物を飲むことすら許されない。1円も間違えてはいけないプレッシャーにさらされているのに、「間違いがなくて当然」という前提だから、ほめられることは少ない。これは誰だってつらい。

最初は女子行員が髪型を変えたことに気づいたり、お菓子の差し入れをしたりと、可愛い男の子っぽいさりげないことから始め、だんだん飲みに行って悩みを聞くような関係をつくっていった。

「支店長、○○さん、今日、窓口で大きな定期預金をとってすごく頑張ったみたいです。よかったら明日の朝礼でほめてやってくれませんか」

やがて僕は、こんなことを支店長に耳打ちするようになっていった。朝礼でほめられたら○○さんもうれしいし、感謝された支店長もうれしい。何と言っても彼女たちは「見てくれている人がいる、認められている」という実感が欲しいのだ。

上司たちは次第に「最近どうなの、女性陣は？」と僕に聞いてくるようになった。

こうして僕はいつしか、支店のなかで女性行員とおじさん上司をつなぐハブになっていったのだ。これは地味に見えるが実にパワフルなことで、情報が全部集まってくる。**目の前の仕事とは、数字に直結するものだけではない。**

顧客と一緒になってローンを組めるように悩んだり、女子行員の話を聞いたりするうちに、だんだん自分のスキルを意識するようになっていった。

「僕は相手の懐に飛び込んで、人懐っこくやっていくのが得意なのかもしれない」

僕が支店でやろうと決めていたもうひとつは、証券アナリスト試験に合格すること。調査部に行くことを確実にしたいのなら、業績をあげるだけでは足りないと思っていた。この頃はまだ自分の描くキャリアプランにこだわっていたから、「支店を経て調査部で企業再生のベースを学ぶ」というのが僕の目標だった。

就職活動の頃から一貫したキャリアプランを述べ、やるべき仕事に熱心に打ち込み、成績を上げ、アナリスト試験に受かるという自己啓発も忘れないのだから、文句のつけようがないだろう。

「僕を調査部に行かせない理由があったら教えてください」

こんなスタンスだから、人事部も認めざるを得なかった。

意思決定をすれば、経験が増えていく

こうして僕は、正しいキャリアのスタートを切った——というのが、この章の趣旨ではない。思い切って意思決定して走り出したが、銀行は結果として、僕の「正解」ではなかった。そう、そもそも正解はないのだ。

大切なのは、たったひとつの意思決定で正解にたどり着くことじゃない。たくさんの意思決定をするという経験を重ねて、自分を成長させることだ。どんな小さなことでもいい。曖昧にせず、素早く意思決定する習慣がつけば、自分の価値観が見えてくる。

「こうする」と決めれば、経験のためのスタートが切れるし、そこで本気で取り組めば好き嫌いがわかり、経験を通して成長できる。この繰り返しで、だんだん自分のスキルと価値観が育っていくのではないだろうか。

意思決定とは、論理的な帰結による判断ではなく、正解がわからないなかで、意思の力で決めることだ。

そして、その結果を自分自身で受け止めることだ。

たくさんの意思決定をして、数多くの成功と失敗を経験しよう。

そうやって、自分自身への確信を強めていこう。

悩んでいる時間はいらない。感情に従おう。そうやってスタートして、小さな点をつくれば、やがてもうひとつ点ができる。次々と点をつくり、線にできるように、セルフリーダーシップを発揮していこう。

第3章では、その話をしていくことにする。

第3章

セルフリーダーシップで動き続ける

――スキルを獲得し、「自分の価値観」を見つける働き方

01 「会社のゴール＝自分のゴール」なのか考える

Knowing, Doing, Beingのどこにいるか？

2008年、100周年を迎えた〝資本主義の士官学校〟ハーバードビジネススクールが学習フレームワークの改革をしたことはよく知られている。

①Knowing（知識）
②Doing（実行、経験）
③Being（自分の価値観・信念）

かつて教育とは知識のインプットが中心であり、ハーバードビジネススクールのような仕事の最先端を学ぶ世界最古のビジネススクールでさえ、そうだった。

だが、近年は「実行が伴わなければスキルにはならない」といわれ、経験と実行力が重視されるようになった。これはハーバードうんぬんを超えた常識として、もはや定着しているといえるだろう。

「だが、本当にそれで十分なのか？」という問いがハーバードで大きくなったのは、創立100周年を迎えたことと、2007年のサブプライムローンに端を発した世界金融危機がきっかけだという。

仕事においての理想のDoingとは、僕流のカジュアルな表現でいえば「いかにうまく成果を出すか」だ。だが、それを極限まで突き詰めていった結果、資本主義経済の基盤でもある「信用」というものが粉々になってしまったのが世界金融危機である。

そこでハーバードビジネススクールが「Being（自分の価値観・信念）」を打ち出したというのは、素晴らしいことだと思う。

知識だけでなくスキル、スキルだけでなく自分の価値観がなければ、自分の人生を自分で意思決定して歩んでいく、セルフリーダーシップは身につかない。

何かを学ぶうえでも、仕事をしていくうえでも、自分は「Knowing, Doing, Being」のどの段階にいるか、ときどき意識してみるといいだろう。ひとつのプロセスで足踏みをしていたら、その仕事を本当に学ぶことにはならないし、成長できない。

2001年、目の前の仕事に本気で没頭したおかげで念願の調査部に異動となった僕は、まだDoingの入口にいた。

調査部もまた女子行員とおじさんの世界――であるはずもなく、そこは「ザ・銀行」。完璧なヒエラルキーがあって、会議で座る場所は「偉い人順」と決まっている。僕は一番端っこどころか、ぐるりと机を囲む上司たちの後ろ、壁際に置かれた補助椅子が定位置だった。

上司と一緒に融資先へ行くときの役割は、基本的に無言のメモ係。上司の話の邪魔をしてシナリオを狂わせてはいけない。

そんな僕の基本的な業務は企業調査で、担当業界の調査レポートを書いたり、融資先の財務状況に対する格付けをしたりといった仕事が日常だ。時には大口融資先について、実際に企業を訪問して財務諸表をひっくり返しながら詳細な調査をすることもあるし、経営危機に陥っている企業の再生プランのベースをつくることもある。

志していた企業再生につながっている仕事であることは間違いない。僕はやり甲斐を感じていたが、問題は、調査部の同僚たちが僕よりはるかに優秀だということ。「ものづくりの天才の親父と比べたら、自分は知識勝負の仕事がいい」と判断したが、ここで相対評価をしたら話にならない。知識や頭では勝てない、入ったばかりだから経験でも勝てない。そこで僕は自分なりのスタイルで成果を出す方法を模索することになった。

自分で自分を認めなければ満たされない

調査部の優秀なメンバーに囲まれた僕は、「自分より優秀な人がいるなら、力を借りればいい」と、外部の証券会社や格付け機関などのアナリストと意見交換を始めた。

「そんな連中に意見を聞いても意味はないよ」

プライドが高い上司たちからは予想どおりの反応があったけれど、有益だと思ったので徹底して行なった。僕は人に対して、どっちが上か下かなんてプライドは今も昔もない。折に触れて意見交換を重ねれば、自分の物の見方も鍛えられる。

取引先企業の信用力調査、顧客向けの財政戦略の立案など、あれこれ外部とディスカッションすると勉強になり、僕のレポートの質は徐々に上がっていった。

調査部の仕事は忙しい。今と違ってサービス残業は当たり前の頃の話だ。朝は早く夜は遅い。忙しいときには休日出勤が半年続いたことも。生まれたばかりの息子の顔を見る暇もろくにない。時給に換算してみたら400円で、我ながら呆れた。

2000年代初めは、大手都市銀行が合併したりグループ化したりした激変の最中だ。日本の金融業界はずっと国に守られてやってきたところがあるが、バブル崩壊後の住専問題で公的資金を注入することに対するアレルギーが醸成されたことで、救済が遅れ、いくつかの金融機関が90年代後半に倒産した。信用収縮が進み、2000年代になっても生き残りをかけた銀行の苦境は続いていた。

僕は企業再生をやりたくて銀行に来たのに、実情はそれどころじゃない。よその会社よりも自分たちが生き残れるかどうかの瀬戸際で、上司たちは悲壮感を漂わせながら、金融庁や日銀のほうを向いて仕事をしていた。肝心の融資先は二の次なのだ。

その頃僕は、2001年9月11日のアメリカ同時多発テロ事件や、2002年11月から始まったSARS（重症急性呼吸器症候群）ウイルスのアウトブレイクで苦境に立たされた航空業界に関するレポートという、上層部がかかわる大きめの調査案件があった。航空業界担当である僕がほぼ一人で書くという大仕事だ。当然、時間も労力も自分のありったけを注ぎ込んだが、「この内容では案件に結びつかないから」という理由で結論は書き換えられ、できあがったのは「こりゃないだろう」と思うレポートだった。

レポートとしてはよく調べて緻密にできているように見えるけれど、まず結論ありきで、問題の本質を突いていない。これをもとに上司たちが何を発表しようと、毒にも薬にもならないだろうと感じた。

結局は、上司を説得できなかった自分の未熟さがすべてだ。上司は航空業界に詳しくなかったので、若手では異例だったが、直接副頭取に報告することとなった。ただ、調査報告の場ではもう、僕にできることはなかった。銀行の徹底したヒエラルキー。そのシステムに組み込まれた自分。まったく納得のいっていない調査報告書を、心を殺して報告する。副頭取からはいろいろと質問を受けたが、そもそも内容に納得していない報告書だ。回答の多くは、その場で思いついたハッタリだった。

もっと失望したのは、後から上司に、報告についてほめられたことだった。

「南君、よい報告会だったよ。これからもこの調子で頑張りなさい」

このまま調査部で階段を登っていける、期待してるよ――そんなニュアンスも感じ取られて、僕はまったく喜べなかった。

誰かが認めてくれたとしても、自分が自分を認められなければ、手応えは感じられない。あなたもそんなことはないだろうか？

銀行という大組織できちんと教育してもらったおかげで成長できたことは間違いなく、感謝していた。人間関係に悩むどころか、むしろうまくいっていた。

それでも、成長してたどり着くはずだった「銀行の調査部」という目標が、ぐらぐら揺らいでしまったのだ。

「パパ、かっこいいだろ」と言えない仕事はやりたくない

自分の本意でなく、満たされない仕事。

誰も変わらず、誰も救わず、何も変えない仕事。

そんな仕事を続けて会社というシステムの部品になるために、時給４００円で息子の顔も見られないほど俺は働いているのか。それを65歳まで、これから40年近く続けるのか。

家に帰ると、とっくに息子は眠っている。赤ん坊だから、ミルクが欲しい、オムツを換えろと泣いて訴えるのがせいぜいだが、やがて「パパ」と言えるようになり、物事がわか

る日がやってくる。

そのとき、「パパ、かっこいいだろ」と言えるだろうか？　息子に胸を張れる仕事ができているだろうか？　僕にはその自信がなかった。

もちろんお金は大切だ。20代半ばは若造かもしれないが、僕には専業主婦の妻と幼い息子がいた。もう一人くらい子どもが欲しいし、彼らが望むなら大学まで行かせてやりたい、留学だってさせたい。さらにいずれは自分の両親と妻の親を養うのだ。自分が背負っていくものを考えれば、銀行という安定した道で堅実に稼ぐことは、まっとうなやり方に見える。だが、銀行再編のまっただ中で未来を考えると、銀行の給料で何人もの家族は養えない気もした。


それまで僕は銀行で満足して働いていて、転職を考えたことすらなかった。

だが、「本意でない」と感じたら、もう心は変わってしまう。心に背くことをやり続けるのはストレスであり、ストレスというのは心身を蝕む凄まじいコストだ。このコストを生涯払い続けて、採算は取れるのだろうか？　僕は合理主義者らしく合理的な計算をしようとしたが、ストレスに関してはうまくいかなかった。

この本で僕が「心を満たす好きなことを仕事にしたほうがいい」と書いている理由は、

ストレスを感じ続けていたら80歳まで働けないと腹の底から感じるからだ。

60年もの間、苦役としての労働を続けられる人はほとんどいない。


翌日から、僕は転職活動を開始した。

頭で考えていたら、結論を先延ばしにしていつまでも銀行にとどまったまま、考え続けていただろう。お茶を濁すように勉強会に行ったり資格を取ったりして、日々に埋もれていったかもしれない。だが、頭や理屈ではなく、自分の価値観に根ざした感情に従って意思決定をしたから、僕はすぐに動けたのだ。

「好き」とか「違う」という感情は、自分の本質に直結した大事なものだが、瞬間的な「なまもの」でもある。放っておけばすぐに変わるし、腐って土に還ってしまう。感情が出てきた瞬間に意思決定しなければ、身動きが取れないまま時間が過ぎていく。

僕があのとき、自分で決めて自分で動くというセルフリーダーシップを発揮せず、上司という「組織のリーダー」に従っていたら、銀行の色に染まっていっただろう。そして「会社のゴール＝自分のゴール」になり、自分の違和感を胸にたたんで、今も銀行で頑張っていたかもしれない。

02 追い詰められると「スキル」がわかる

企業買収ファンドでのサバイバル

転職先はAP（アドバンテッジパートナーズ）。企業を買収するばかりか実際に経営にもかかわり、内側から再生を促す日本の企業買収ファンドの草分けだ。90年代後半のいわゆる金融ビッグバンで可能になった、新しいビジネスだった。

APを知ったのはちょうど航空業界のレポートを書いていた最中だった。エリート集団であり自分とは縁がない会社と思いながらも、すぐに転職先として憧れるようになった。そこでヘッドハンターに「将来、APみたいなところに移るにはどうしたらいいでしょう」と相談したら、ちょうど若手の採用を始めたばかりというタイミングのよさ。自分のスペックで採用されたことは、ほとんど奇跡だと悟ったのは入社直後だ。

課長、部長、支店長、肩書き抜きで人を呼ぶなどありえない銀行と比べたら、社長も含めてみんなが「さん」づけで呼び合うＡＰは、一見ものすごくフラット。

そしてそれは「成果ですべてが決まる」という、途轍もなくシビアなフラットだった。

入社直後、上司に連れられて投資先へ行った僕は、とりあえず黙って話を聞いていた。まるっきり新参者だったし、若手はメモ係に徹するという、銀行時代の癖が染みついていたというのもある。

ミーティングが終わり、帰りのエレベーターで上司と二人になった瞬間、言われた。

「南さん、次もそうやって黙っているなら、もう来なくていいよ」

その場にいるのになんのバリューも出さない人間は、いなくていいというわけだ。

「これはまずい」と、必死にペーパーワークに取りかかったが、同僚はハーバードＭＢＡとかマッキンゼー出身みたいなキラキラ揃い。銀行調査部に輪をかけて、頭の出来が自分とまるで違う。

「これがプロフェッショナルファームの働き方か！」

大いに驚き、それ以上にうれしいのに、感動している暇はなかった。

今も忘れられないのは、入社直後に上司から「僕の代わりに、投資先の会議に出てほしい」と頼まれたときのこと。オブザーバーとして会議に参加するなら、僕でも大丈夫だろう。もちろん二つ返事で引き受けると、「ところで」と上司が言った。

「念のため確認するけど、君は何をしに行くの?」

「投資先のプロジェクトのうち、この件について進捗状況を確認してきます」

自分としては、具体的なツボを押さえた、悪くない答えをしたつもりだった。ところが上司はさらに尋ねてくる。

「南さんが言う『確認』って何? 君は確認という言葉をどう定義していますか? 何がどうなっていたら確認したことになるか、その定義を言ってみて」

まったく曖昧にしか考えていなかったことに気づかされた僕は、必死で「Aさんがこの予算を承認していたら、この件について進捗したという確認になる。さらにB部長がこの企画の趣旨をC常務に理解させ、月例会議で決済していたら……」といった具合に、脳みそフル回転でありったけのチェック条件を並べ立てた。

明らかに僕は「できないヤツ」だ。やっぱりレベルがまったく違うのだと痛感した。

パワーポイントすら使えない、銀行出身なのにファイナンスもさほど詳しくない。資料を作っても「全然ロジカルじゃない」と言われ、効率が悪くて人より仕事が遅い。めちゃくちゃ賢い人たちのなかで、自分にできることは何ひとつない。

僕がここで学んだのは、「ずっとやりたかったこと、好きなこと」でも、たちまちうまくできるわけではないということ。**天才ルーキーが登場して周りをうならせるのは、物語の世界だけなのだ。**

リカードの「比較優位理論」

ＡＰは厳しかったが、居心地は悪くなかった。

若い会社で平均年齢も若い。風通しはいいし、みんな優秀なだけでなく人柄もよくて、私にもあれこれ教え、本当によく育ててくれた。「銀行時代より急速に成長している」という手応えは、何ものにも代えがたかった。

だから1年目の人事面談で、僕は社長にお礼を言ったのだ。

「皆さん、すごい人ばかりで勉強になります。いろいろ学ばせていただき、僕もちょっとずつですが進歩していると思います」

すると温厚な社長の顔が、みるみる変わった。

「南さん、何を言っているんだ？　勉強になったとかそんな言葉はいらない。君はこの業界で一番になるつもりはないのか？　みんなライバルだろう」

確かにそのとおりだけれど、言い返す言葉すらない。ライバルになれる力がない。

社長も僕の実力についてはお見通しだった。

「そもそも南さんは、ほかの人に負けない強みもエッジもないね。今のペースで行くんだったら、辞めてもらうしかない」

社長は「Warningだよ」と付け足して面談を打ち切った。

警告——次の半年で成果が出なかったら、僕はクビだ。

順調に成長しているというのは独りよがりで、会社の期待値にはさっぱり届いていない。もう、死ぬ気でやるしかない。

だが、同僚に負けないくらい賢くロジカルに働こうとしても、明らかに無理だ。

打ちのめされ、「自分の強みはなんだろう？」と考えたとき、僕が思い出したのは、経済学で習う「リカードの比較優位理論」だった。

有名な「弁護士と秘書」の例で簡単に説明すると、こんな理屈だ。

弁護士は法律の仕事だけでなく、タイプを打つ仕事も秘書より得意だとする。

一方秘書は、法律の仕事はまったくできない。つまり弁護士は、法律もタイピングもどちらも秘書より優れているという「絶対優位」の状態にある。

しかしながら、二人の法律の仕事力を基準に考えたら、秘書のタイピング能力は弁護士より「比較優位」にあると見ることができる。このような場合、弁護士は法律の仕事に特化し、秘書にタイプの仕事を任せたほうが二人合わせた効率は最もよくなる。

言い換えると、弁護士がタイピングをするとその間の多額の弁護士報酬を失ってしまうが、秘書がタイプを打っても失うものは何もない。

こうして、相手との比較だけでなく、自分のなかで相対的に得意なことに特化することで全体の効率が最もよくなるというのが「比較優位」の考え方だ。

同僚と比べたら、僕が勝てる絶対優位はひとつもないのだから、自分の内側を見て比較的強いところを見つけ出すしかない。「比較優位」をスキルとして戦うしかないと思った。

「得意ラベル」を自分で貼れば、やがて得意になる

「自分探しは無駄だ」と書いたが、「スキル」は前述したとおり、人生100年時代になくてはならない個人の力の三大要素のひとつだ。クビ寸前まで追い込まれた僕はリカードの比較優位にのっとり、必死で自分の実力を見つめ直した。

僕の比較優位——それは、ファイナンスだった。ファンドの仕事をあえて乱暴に定義すればそれは「ファイナンス＋経営コンサルタント」であり、銀行出身の僕にとって比較優位は明らかに前者だ。

ファイナンスで行こうと決意が固まったのは、ある買収先のデューデリジェンスだった。

企業買収ファンドは、投資家から預かったお金を使って、企業を買収したり資本金を入れたりして経営の内側に入り、経営を立て直してその会社を強くし、うんと企業価値を高めて元より高く売却し、その差額の利益を投資家に返すことが仕事だ。そしてデューデリジェンスとは、投資するかどうかの判断材料として、その企業の価値や抱えているリスクを調べることをいう。

多方面から調査・分析しなければならないから、ファイナンス、法務会計、ビジネスと領域を分担して数名で取り組むのだが、僕の担当はビジネス分析だった。

社長からはWarningが出ているし、そのプロジェクトのパートナー(≒担当役員)からもボコボコに怒られている。努力しても努力しても、能力が足りないのだ。

「会社に辞めさせられるんじゃなく、自分から辞めざるを得ないぐらいにヤバい」

僕一人にビジネス分析を任せるのは無理だとパートナーが考えたのか、外部から助っ人を呼ぶことになった。

彼の名は渡辺雅之。南場智子、川田尚吾とともにディー・エヌ・エーを起業し、後にイギリスでQuipperを創業した人物だ。パートナーが前職のマッキンゼーで同僚だったようで、ちょうどディー・エヌ・エーを辞めて時間があるタイミングだったため、50％の時間を使って手伝ってもらうことになった。

一緒に働いてみると、渡辺さんは桁違いに優秀だった。マッキンゼーでパートナーとして活躍していた南場さんに、入社2年の若手ながら「一緒に起業しよう」と見込まれただけあって、抜きん出ている。僕がたった1枚のパワポのスライドを苦労して書いている間に、彼は10枚ぐらいさらっと書き上げ、そのすべてのページにキレッキレの分析が凝縮されている。

「うわあ」と思った。心で「ワオ！」だ。年齢はひとつしか変わらないのにこんなに差があるなら、やっぱり僕はビジネス的な視点ではどうやったって勝てない。比較優位しかない、ファイナンスを軸にしようと腹が据わった。

渡辺さんのおかげでなんとかデューデリジェンスを乗り切った後、僕はファイナンスのラベルを自分に貼り、みんなに宣言した。

「僕はファイナンスが得意です。ファイナンスのことなら僕に聞いてください！」

社内では折に触れて吹聴し、質問を受け付けたり、勉強会を主催したりすることにした。できるようになってから始めようと思っていたら、いつまでたってもできるようにならない。

問題は、ファイナンスが比較優位に過ぎないということ。銀行の調査部に2年半いただけで実際の融資の経験はないから、残念ながらＡＰで教えられるようなスキルはまったくない。そこで僕は、助っ人を頼むことにした。社内でも抜群にファイナンスに強い人を講師として招いたのだ。

自分はファシリテーターとなり、個別の質問は全部いったん預かり、人に聞いたり本を読んで調べたりして後から答えた。勉強会に来るのは主に、コンサル出身でファイナンスに比較的弱い人たち。それゆえにしのげた部分もあるが、「みんながわからないポイント」を集積し、調べたり聞いたりして答え、やがて勉強会の資料も作ることは、非常に密度が濃い最高の勉強になった。「ファイナンスを一人でちゃんと学んでから、勉強会を主催しよう」と段階を追うことを考えていたら、不可能だったと思う。

「僕はファイナンスが得意です」と宣言し、自分にラベルを貼って動いた結果、かなり恥もかいたけれど、結果として成長のスピードが加速したのだ。

僕は「ファイナンスに強い人」という、社内の立ち位置を見つけつつあった。

圧倒的に「できない」と、自分のスキルが生み出せる

こうして社長にWarningを受け、ビジネス的な視点でも勝てないというどん底まで落ちたとき、僕はファイナンスを自分のスキルにすると決めた。

あなたはどうだろう？　「これを自分のスキルにする」と決めたことがあるだろうか？

「スキルを見つける」と「これをスキルにすると意思決定する」は、大きく違う。

絶対優位の自分のスキルを内側から「見つける」ことができるのは天才だけだ。

僕を含めた多くの人は、相対的に得意だったり、とりあえず興味が向いたりした仕事をぱっと選んで「やる」と意思決定し、目の前の仕事を本気でやっていくうちに、「そこそ

こ得意で好きなもの」が育っていく。だがそれはまだスキルではない。自分のなかでは強いという比較優位でしかない。

それでも、比較優位を磨き上げて輝くスキルにするのだと、**自分で「決める」ことなら、誰でもできる。**つまり、「私はこれをスキルにする」と意思決定さえすれば、誰でも自分の強みを持てる、生み出せるということなのだ。

この方法をあなたにもぜひ試していただきたいが、ギリギリまで追い詰められないと、比較優位に全エネルギーを注ぐことはできない。「私の強みって?」と、安全な場所で絶対優位を探していたら絞れない。

たとえば電車もバスもない未開の地に行き、急いでいるのに車も自転車もロバさえ見当たらないというとき、「いくら遅くても歩くよりはましだ」と人は走る。走るしかないから、走るのだ。そうやって走り続けていくうちに、前より速く走れるようになる。そうすると走ることが好きになって、もっと速くなる。

手を挙げればタクシーが目の前に停まってくれるような状態で「走ろうかな、走れるかな」と思っていても、走ることがスキルになる日は訪れない。

03

人生100年時代に必要な「ソフトスキル」を磨く

可能性の断捨離をする

目の前の仕事を本気でやっていると、いくつかの可能性が派生する。これはスキルの卵といってもいいだろう。

企業買収ファンドの仕事という例を単純化すれば、目の前の仕事から「①経営戦略、②ファイナンス戦略、③会計・税務……」といった具合に、「自分の強みになる可能性がある仕事」が、いくつか出てくるということだ。

この三つの可能性を同時に追ったら、全部が中途半端になり、可能性のままで終わってしまう。

もちろん能力が高い人は全部の可能性を形にして、あらゆるスキルを備えた高スペックなビジネスパーソンになるだろうが、そのほかの人は無理だ。

そこで「好きじゃない」と感じるもの「どうも成果が出ない」とわかったものについては、可能性の断捨離をすることになる。孵化しそうにないスキルの卵は捨てて、比較優位が強いところだけに絞ってエネルギーを注ぎ込んで温め、スキルに育て上げるのだ。

幸か不幸か、どの卵を温めればいいか自然と絞られてしまう僕のようなケースもあるだろう。つまり「ビジネスは無理だ」と思い知り、「ファイナンスで行こう」と決めたということだが、絞り込めるという意味ではラッキーだったと思う。


ただしこれは、「一芸を極めよ」という、どこかのお師匠さんみたいな理屈とは違う。

スキルは複数あっていいし、「えっ、これってスキルにカウントしていいの?」というゆるいものが、スキルになったりするのが人生100年時代だ。

たとえば僕がファイナンスというスキルを獲得した後、それひとつでサバイブしていこうとしたら、企業買収ファンドではやはり「辞めざるを得ない」という道が待っていたと思う。

なぜなら仕事のスキルの多くはハードスキルだから、どんどんアップデートしていく。

10年前の最新型コンピュータより、今の格安スマホのほうが性能ははるかにいいだろう。

ありがたいことにファイナンスのスキルは結構長く役に立っていて、経営者になった今もある程度は使えてはいるが、最先端のファイナンスについてはまったく歯が立たないし、そのうちの一部はいつＡＩに取って代わられても不思議ではない。ソロバンの達人も電卓に敗北してきた歴史があり、僕らはその流れの前ではあまりに無力だ。

だからこそ、最初はひとつのスキルの卵に絞ってしっかり孵化させ、それからいくつか身につけていくといいだろう。複数のスキルがあることで初めてできることもある。

断捨離をして、クローゼットがいつも着る精鋭スーツ1着になったら、それとはタイプが違う替えのスーツを少し買い足す、そんなイメージだ。

ソフトスキルは「人間としてのスタイル」で伸ばす

もうひとつ忘れてはならないのは、スキルには仕事に直結する技能的なハードスキルだけでなく、ソフトスキルもあること。

たとえば、どうやって人を動かすか、コミュニケーションをとるか、コミュニティーやネットワークはどのようにつくるか。これらは皆、ソフトスキルだ。

人生100年時代にはハードスキル以上にソフトスキルが重要になると僕は考えている。なぜならここは、機械が苦手とする部分、人間の絶対優位の部分だからだ。

APで初めて銀行交渉を担当させてもらったとき、いい条件を引き出すにはどうすればいいだろうかと考えた。交渉のスタイルは千差万別、達人といわれる人でもやり方はみんな違う。上から目線でゴリゴリの厳しいコミュニケーションをとる人、冴えた分析をもとに極めてロジカルに詰めていく人、いろいろある。

自分のスタイルを考えてみたら、「上から目線の厳しさ」や「極めてロジカル」とは対極にあるという結論が出た。そう、銀行の支店時代、離婚を控えているサラリーマンや、40代バツイチ同士のカップルと一緒に住宅ローンの審査を通した、人懐こくて泥くさいやり方が僕らしい。「心を開いて相手の懐に飛び込んでいく」、これが自分のスタイルだと思った。

あなたにもきっと、あなたのスタイルがある。それはかなりプライベートに近い、あなたらしさと結びついたものであるはずだ。ソフトスキルは極めて人間くさい部分に直結しているから、「人間としてのスタイル」で伸ばしていくといいだろう。

会社のモチベーションと個人のモチベーション

ソフトスキルを用いる際、一番役に立ったのは、住友銀行の新人研修だった。ほとんどが退屈だった多くの研修のうち、それだけが印象的で今でもよく覚えている。

「人には権力を持ちたいタイプの人もいれば、尊敬されたい人もいるし、なんでも一番手になりたい人、みんなと一緒に同調するのが安心だという人もいる。それを見抜いて営業トークを変えなさい」

たとえば権力が欲しい人には、「このシステムを入れると多くの部署に影響を与えられますし、社内であなたの発言力が強くなりますよ」と漂わせるとテンションが上がる。

尊敬されたい人には、「このシステムはすごく難しくて、提案に行ってもなかなか本質を理解してもらえないんですけど、さすがです、このよさがわかるのはすごいですね」と感心してみせると効果がある。

「業界初の導入となります！」と言って乗り気になるのは、最先端であることがモチベーションになる人だし、逆に「もうみんなやっています、やっていないのは御社だけですよ」と言うと慌てて契約してくれるのは、多数派を好む安定志向の人だ。

つまり銀行の新人研修は、「営業は相手のタイプを見極めて行なえ」という目新しくない話だったのだが、目新しくないからこそ、営業の本質だと思った。

僕はＡＰで、住友の研修で学んだことの進化系を用いてみた。銀行などを相手に新たに契約してほしいと交渉する際に、組織と個人のロジックを分けてコミュニケーションをとるのだ。

まずは組織のロジック。たとえば「この事業戦略を導入することが、御社にとってどれだけメリットがあるか」を説明する。ここはその会社を分析して理屈で攻めることになるから、バリエーションはそれほどいらない。

次に個人のロジック。企業相手の仕事でも銀行相手の仕事でも、「組織」に交渉することはない。実際は会社の担当者、代表者という「人」を相手に交渉するのだ。

その「人」のモチベーションは、必ずしも組織のメリットだけではない。片側に組織のメリット、片側に個人のメリット、両輪があるものだ。

相手側と自分で「チーム」をつくる

交渉する相手が複数の場合は、意思決定者が誰で、その人が何を求めているかも考えた。相手は同じ会社から来ているといっても一枚岩でなく、立場によって利害は変わる。

たとえば僕がファンド側として銀行に融資してくれるようにオファーするなら、自社内でまとめた契約条件を見た段階で、「この条件は儲かるかどうかに関係するから営業マター、この条件はリスクに関連するから審査マターだ」と頭の中で仕分けする。

営業は数字を上げるのが基本的な仕事だから、契約を成立させたいという点で、オファーするファンド側と利害が一致している。一方、審査は「契約してリスクはないか？　デメリットは？」と検討するのが仕事だから、ファンド側にとっては関所となる。

それなら、銀行の営業を味方につけるのがいいと考えた。

「これ、もはや『ＡＰ対銀行さん』の交渉じゃないですよね？『新しいプロジェクトをやりたい僕と営業さん対審査さん』の話ですよね？　営業さんが社内審査を通すための資料も僕が準備するんで、一緒に頑張りましょうよ」

こんな具合に巻き込んで、取引先の営業担当者と僕とでチームになってしまう。そして「社内審査で今、何が問題になっていますか?」と連絡を入れて、チームとして行動する。

「僕は、ぜひあなたと一緒にやりたいんです」と個人的に気持ちを寄り添わせるのだ。

相手の人事図も意識するようにした。「この人は出向で来ているから保身が大事だろうな」とか「出世レースに食い込めるか勝負のときで、一発大きな案件を当てたいはず」などと、その人の状況と意思決定の志向を探る。そうやってコミュニケーションプランを変えていくと、うまくいった。


こうしてひとつの案件について、複数の銀行にきめ細かく交渉していく。

ひとつの銀行にオファーするのではなく、数行にオファーしたなかで一番条件よく折り合えるところと契約するわけだから、A銀行の営業ともB銀行の営業ともC銀行の担当とも個別にチームをつくる。二股、三股をかける悪い男みたいだが、交渉はそういうものだ。

契約に至らなかった銀行とは、「チームでやろうと言っていたのに。南さんは裏切り者だ」となりそうだが、とことん寄り添って付き合ったら、そうはならなかった。

逆に、営業担当者が「社内を説得できずにすみませんでした。次は南さんの期待に応えます」と言ってくれたりした。

相手の懐に飛び込み、人間関係を築きながら仕事をしていく。これが僕の「人間としてのスタイル」から生まれたソフトスキルで、今も大切にしている。

０４

「ハブ」になってコミュニティーをスケールする

コミュニティーに貢献する

ひとつに絞ってスキルをしっかり身につけたら、複数のスキルを持つといいのはハードスキルでもソフトスキルでも同じことだ。

だが、「複数のスキルを持つ」と「たくさんのスキルを持つ」は似て非なるものだ。多いなら最高だけれど、自分が好きで、やっていて心が満たされて、それなりにうまくできるものは、そうあるものではない。クラシック音楽もプログラミングも中国語もできてしまうという僕の父みたいな人は珍しく、そうじゃない人が多数派だろう。

僕はもちろん多数派で、だからデューデリジェンスの際には、渡辺さんのビジネススキルを借りたし、ファイナンス勉強会ではファイナンスに詳しい人のスキルを借りた。銀行では外部の証券会社や格付け機関などのアナリストと意見交換する形でスキルを借りた。

こうして人のスキルを借りれば、自分のスキルではできないことができるようになる。

だが、なんの関係性もないのに頼んでばかりいたのでは、ただの「図々しい人」だ。力を貸してもらえるような人間関係はつくれないし、力を貸してもらえないどころか話も聞いてもらえないだろう。


スキルを貸してもらいたいなら、スタートは自分から貢献することだ。


ギブの精神が大切なこと、自分から与えることが始まりというのは、もうさんざん言い尽くされていて、あなたは「またその話か」と思うかもしれない。とはいえ、実際のギブとはどういうことかを知り、実行している人ばかりではないと思うので、僕のやり方を紹介しておきたい。

貢献とは、ハードでもソフトでも「すごいスキル」を持っていなければできないというのは勘違いだ。そんなふうに考えていたら、抜きん出た人以外は、「自分から与える」なんてできっこない。

そこで僕がやっていたのは「コミュニティーへの貢献」だ。

新卒で住友銀行の支店に配属されたときも、調査部に移ったときも、ＡＰに転職したときも、僕は宴会幹事に立候補した。

「幹事って、そのグループにずっといる主流メンバーがやるものだよね」

そう思う人が多いかもしれないが、幹事の基本は雑用と連絡係だから、そう難しいことはない。コミュニティーへの貢献なら、知識もスキルもなくても真っ先にギブできる。

そもそも「僕、幹事やります！」と言えば、少なくとも嫌な奴とは思われない。

「こいつは仕事ができるかどうかわからないけど、自分たちのコミュニティーに溶け込もうとしている」と、みんなが受け入れてくれるのだ。

いち早くコミュニティーに溶け込めば、いろいろな情報が入ってくるし、人間関係もできていって、スキルを貸してもらいやすくなる。

宴会の幹事でも社内ランでも、バーベキューでもいい。「やると楽しいかも」ということがあれば、幹事役を買って出るといいだろう。

僕もＡＰに入った頃は、独身の先輩に合コンをセットしたり、ファイナンス以外にも勉強会を主催したりした。だから圧倒的に「できない奴」だった僕に、みんなやさしく教えてくれたという面があると思っている。

それは今でも続いていて、たとえば数年前から、「東横のれん会」という東横線沿線に住んでいる経営者の集まりに参加するようになった。すでに何年も続いている会で、すでにみんな仲がいいところに飛び込んだ僕は、知り合いが一人か二人いる程度。僕より年上で経験豊富な経営者が多い。だからこそ初回参加した際に「次回の幹事、やらせてくださ い」と立候補した。

隅っこにいるよりよっぽど早く溶け込めるし、経験が足りない僕が受け入れられるいい方法だし、人とコミュニケーションするチャンスが増える。何より、自分のなかでの心理的な壁が早く取り払われるのが効果的だったりする。

ハブになると情報と人脈が集まってくる

好きなもの、得意なものがあったら、どんなにささやかでもそれを自分の「ラベル」にしよう。それは仕事に関係がなくても構わない。

僕の場合は「ラグビー好き」というのをラベルにしている。高校、大学とラグビー部で、オックスフォード・ビジネススクールでも試合に出ていた。どうやってラベルを貼ったかといえば、「初心者にラグビー観戦のコツを教えるイベント」というのを定期的に主宰した。

フェイスブックなどで人を募ってスタジアムに行き、「複雑なルールですが、3分間でわかるように説明します」と教えて、一緒に観戦する。最初はどう説明するかが難しかったが、試行錯誤した今ではかなりわかりやすく教えられるようになった。

「初めてラグビーを見たけれど、最高でした！」なんて言ってもらえて、好評だ。

こういうことを定期的にやっていると、それだけでラガーマンのなかでのネットワークが広がりやすくなる。今では有名な元ラガーマンやラグビーの国際試合「スーパーラグビー」に参加しているような有力チームのチェアマンとも、会った際に一気に距離を近くすることができる。

「僕はラグビー好きを超えて、ラグビーを広める伝道師目指してますんで！」

そんな話をすると彼らは喜んでくれ、ラグビーコミュニティーとの交流が始まったのだ。

一方、「初心者にラグビー観戦のコツを教えるイベント」の参加者は、ラグビーになんとなく興味があるというゆるいつながりだから、職種や特性はさまざまだ。プログラマーもいれば、ファイナンスに強い人、イラストを描いている人もいる。

彼らとラグビーコミュニティーは、何もなければつながらないが、僕がハブになることで、「ラグビーチームのキャラクターデザインを変えたい」というコンペに、イラストを描いている人が参加するといったことが起きうる。

ひとつのコミュニティーをまとめるだけでなく、ハブになって別のコミュニティーとつながり、人と人の橋渡しをする。そうすると情報と人脈が自分を経由して交流し始めるから、自分の存在価値が一気に高まり、より強いハブとなる。つながりが広がる過程でソフトスキルもハードスキルも上がっていくし、ビジネスに役立つことは言うまでもない。何よりたまらなく楽しいことは保証する。

コミュニティのハブになる方法は、大きく分けて二つ。

ラグビーの例のように「知っていて得意なこと」で貢献し、まずコミュニティーをつくるというやり方。そしてファイナンス勉強会の例のように「実際は大したことがないけれど、幹事役をやる」という貢献で、コミュニティーをつくるやり方だ。

いずれにしろ、できあがったコミュニティーを内輪だけで完結する小さなまとまりにせず、「自分はハブだ」と意識して、別のコミュニティーにつなぐことがポイントだ。ハブになること自体がコミュニティーへの貢献でもある。

国立長寿医療研究センターの調査によると、社会的つながりが多い人は認知症リスクが46％も下がるという。ハブになることは人生１００年時代において重要な「個人の力」となるソフトスキルといっていいだろう。

理想主義者
のための
実用的なTIPS2:

人的資産をつくる「アウトプット勉強会」

インプットだけで成長しようとしても、何も成長しない。

どんなにささやかでも知識があるならアウトプットするといい。僕の場合はファイナンス勉強会で、アウトプットして、力をつけていった。その意味で、勉強会は参加するより主催したほうが、より早く、より質の高いスキルとなる。勉強会の主催はアウトプット、合コンの幹事もアウトプット、手伝いを買って出るのもアウトプットだ。机に座って受け身で学ぶスタイルは、「正解」があることを知る場合にしか役に立たない。Knowingの時代が終わったら、Doingだ。「アウトプット勉強会」で人的資産をつくろう。

■ 準備

Tips 1

「教えてモード」を捨てる

講演会や勉強会に出席すること自体は悪くない。だが、「教えてください」という姿勢が癖になるのは危ない。座学で学ぶインプットには限界がある、と知っておこう。

Tips 2

意味がない「名刺交換」をやめる

勉強会などに参加した後、講師の前に名刺入れを持って並ぶのをやめる。相手は一度に多くの人と名刺交換するのだから、覚えていてはくれない。貴重な「初対面」という生涯一度のチャンスを、その他大勢としての名刺交換で終わらせてはいけない。

■勉強会に参加する

Tips 3

相手に刺さる質問を放つ

講演会や勉強会に参加したら、質疑応答の時間こそ、アウトプットの唯一にして最大のチャンス。最低ひとつは「相手に刺さる質問」をして帰ろう。そのためには事前の勉強が必要だが、印象に残ればその後の懇親会などで、もっと話せるチャンスも生まれる。

Tips 4 運営側のスタッフになる

勉強会の運営スタッフをやろう。雑用係でもなんでもいい。僕が登壇する勉強会にも、いろいろな企業の若手がボランティアで運営しているものがいくつもあるから、参加のチャンスは結構ある。「名刺交換の列に並んでいる大勢の参加者」と「運営ボランティアの一人」だったら、講演会の話者がどっちの顔を覚え、頑張っている人として評価するだろうか？　相手の立場になって考えればすぐわかるだろう。時間と労力を差し出せば立派な貢献だし、アウトプットだ。

■ 勉強会を主催する

Tips 5 経験を惜しみなくシェアする

知識はいくら提供してもなくならず、逆に増えていく。エクセルの達人、画像処理が得意、法律用語に強いなど、なんでもいい。自分が好きで得意なことがあったら、勉強会を開こう。社内なら終業後の会議室を使って、ネットで呼びかけるだけで開催できる。社外ならカフェやレンタルスペースを借りて、最初は小さな範囲から告知するといい。

Tips 6 しょぼい経験でも臆さずシェアする

「自分なんてまだまだだ」「もっと得意な人はいる」という謙遜はいらない。「できるようになってから勉強会をしよう。そのためにはもっと勉強会に出よう」というのは最悪だ。レベルが低くても、まず1回やってみる。そこで足りない部分を知ったら、その点を補填するためのインプットをして、2回目の勉強会を開く。その繰り返しで質は上がっていく。

Tips 7 人脈もシェアする

運営スタッフをしたり、アウトプット勉強会が習慣になると、新たな人脈ができていく。そうしたら知り合った人と人をつなごう。勉強会の運営スタッフとして知り合った人を自分の勉強会に招いてもいいし、一緒に勉強会を主催してもいい。知識と同様、人脈もいくらシェアしてもなくならず、逆に増えていくものだ。

Tips 8 ウェブ上のアウトプットの質を高める

勉強会で知り合った人に限らず、「この人に興味があるな」と思ったら、検索するのは当たり前。勉強会を開いたら検索されることを前提に「勉強会+ウェブでアウトプット」という意識を持とう。誰かが自分に興味を持って検索してくれたとき、「おっ、面白いことやっているな」「こんな考え方をしているんだ」とさらに興味を持ってもらえるアウトプットを日頃からしておくといい。ブログやフェイスブックなど、媒体はなんでもいい。リア充自慢のSNSと一線を画すのは「相手に役立つアウトプット」であるかどうかだ。

こうしたアウトプットの蓄積をすれば、いずれ著名な講師とも、その他大勢としてではない、名刺交換の機会も訪れる。そうやって人的資産をさらに増やそう。

０５
「企業を内側から変える」ということ

「ハゲタカ」たちの青春

ファイナンスをスキルとするべく磨き上げ、いくつかのコミュニティーのハブになり、自分のスタイルで交渉できるようになった頃、成長は形になって現れつつあった。

２００５年、僕が任されたプロジェクトは、名古屋に本社のある企業である旧ポッカ・コーポレーション。言わずと知れた缶コーヒーのポッカだ。

初代オーナーは商品開発の天才で、僕らが慣れ親しんでいる数々のヒット商品を生み出したすごい人だ。カリスマ社長が大きくした企業が代替わりで業績不振に陥るというのはよくあるケースで、ポッカもそうだった。

苦しんでいたポッカをＡＰが買収して経営に参加し、新しい経営陣と一緒に立て直す。

つまりＭＢＯ（マネジメント・バイアウト）による企業再生という大きな案件だ。いよいよ、ずっとやりたかったことをこの手でできる！　しかも名古屋出身の僕にとっては思い入れもひとしおの企業である。

とはいえ、上場企業を丸ごと買収するという話なのだから、個人的にはデカすぎる案件だ。プロセスは売上１０００億円の上場会社へのＴＯＢ（株式公開買付）。買収の噂が少しでも市場に流れてしまったら株価に影響が出て一瞬で案件は頓挫する。短期間で調査や交渉を秘密裏に進め、買取価格を提示して市場外で一気に買い取るというのだから、動かすお金にしても交渉の内容にしても相当にタフだ。

奇しくも資金調達先の銀行は三井住友。２００１年にさくら銀行と合併した、僕の出身銀行だった。

ＡＰは若い会社だから、パートナーで30代半ば。現場のマネジャーやアソシエイトクラスが30歳前後で、29歳の僕は若手だと甘えられるような年齢ではまったくない。

みんな若くて体力はあるし、野心もある。夜中の2時まで社内ミーティングをし、煮詰まっていったん解散。タクシーで家に帰るが、3時には「実際のところ、あの件ってどうなの？」とチームメンバーと電話で話し込む。

「よし、今日は飲みに行こう！」というときは、夜中の12時がスタートだった。

夢中で仕事をしていてテンションが上がりっぱなしだから、疲れも感じない。金曜の深夜、いったん帰宅して着替えてから湾岸エリアに集合して、埠頭でレーザー光線のサバイバルゲームをやるなんてバカで楽しいこともした。

銀行で歯車になると思っていた僕が、企業買収ファンドで日本経済を動かす実感ど真ん中にいる。アメリカでは企業買収ファンドが電力会社すら買収していた。

真山仁の経済小説『ハゲタカ』が発表されたのが２００４年。テレビや映画で広く知られるのは数年後だが、企業買収ファンドという日本で知られていなかったビジネスが一般にも理解され始めていた。

ハゲタカという不本意な呼称で表現されているように、「自分の会社が買われてしまう」という論調で語られた企業買収ファンドだけれど、実際には小説のイメージとは違い、「このまま潰れていってしまうのは惜しい」という会社を立て直したり、後継者が見つからない会社に新しい経営者を連れてきて自立化させたり、成長企業に資金を投じて非連続な成長を実現していたのも企業買収ファンドだ。

「世界で買えない会社はないぐらいの存在になる」

「21世紀の財閥はファンドがつくるんじゃないか」

「僕たちの時代が来る！」
あれは間違いなく、青春だった。

こうしてポッカのＭＢＯは実行され、２００5年8月22日の新聞の一面を飾った。裏側でディールの実務を動かした銀行と証券会社の担当者も僕と同い年の29歳。特に銀行の担当は、銀行勤務時代に一緒に新人研修を受けたかつての仲間だ。新聞の一面を飾るような大仕事を20代のうちに同級生と実現できたということが、たまらなく誇らしかった。

また、かつてないぐらいの好条件で資金調達をするという大きな成果を上げることができたことも、ＡＰのなかで居場所をきっちりと確保できたという自信になった。

そしていよいよ、僕は買収先のポッカの役員となり、企業の内側から経営を手伝う、参謀役が回ってきたのだ。

トップダウンの社風を変える試み

さて、参謀役といっても飲料や食品のビジネスの現場がわかるはずもない。まずは業務内容を理解しようと、オブザーバーのつもりで初めて会議に参加したときのことだ。

参加者は入社20～30年のベテラン社員ばかり。黙ってディスカッションを聞いていたのだが、会議の最後、全員がパッとこっちを見て「これでいいでしょうか、南さん？」と問われた。

このときの衝撃は忘れられない。勉強のためにいる程度の感覚だったのが、彼らからすれば僕は役員だ。現場がわからないから黙っているなんてことは許されない。これはすごいプレッシャーだが、絶対に期待に応えなければならない。

知識ではずっといた社員にかなわないのだから、僕がすべきことは課題を見つけること、どう解決するかの原理原則を植えつけていくこと、そして自律的に改善に向けた活動が回るようにすることだと考えた。

ポッカは売上１０００億円規模の会社だ。ＡＰの担当者が一人二人やってきて現場で細かい指示をしたところで、全体に及ぼす影響は限定的だ。だから、全体に影響を与えるように仕組みで解決することや、社風そのものを変える方法を考えなければいけない。その点、ポッカは個々の社員はとても優秀なのだが、買収前から社風に課題があるとＡＰチームは感じていた。

もともとカリスマ的なオーナーがいたから、代替わりをしていてもトップダウンの社風が残っている。経営陣からの指示でうまくいっていた時代はいいが、業績不振に陥っていたのだから、「トップの指示はずれている。こんなもの売れるはずがない」と現場に不満がたまっていた。

トップダウンは一方通行で、こういうケースでは最悪だ。「言っても無駄だ」と現場はその情報を上げず、情報なしで判断する経営陣の指示はますますずれたものになる。悪循環の見本だ。

そこで僕たちAPチームは、ポッカの現場にいる40歳前後の優秀な人たちを集めてプロジェクトチームを複数つくることにした。各チームには課題についての解決案を考え、社長に直接プレゼンする。「どうせ言ったって意味ないよ」という不信感と不満を解決するために、社長には意思決定を明言してもらうことにした。

「継続して検討しますとか、持ち帰って役員会にかけるとかはナシです。その場でGOするか否か決めてください」

具体的な課題解決と社風を一気に変えるための仕掛けだった。

合理的な意思決定で
フラットな環境をつくる

プロジェクトは課外活動として3カ月間行なったため、現場の人たちは通常業務以外の仕事が増えて、むちゃくちゃ大変だっただろう。だが、彼らがまとめた課題解決策はどれも素晴らしいものだった。

僕たちのようなファンドやコンサルタントが横でサポートもするから、当時のポッカの社長も「うちの現場はすごい」と認識するクオリティだった。

僕が驚いたのは、その社長の意思決定の速さだ。頭がいい人だから、GOするかどうかは即決。そればかりか「これは社長直轄でやるから、君が部長をやりなさい」と、その場で動き出す案件すらあった。

現場は現場で「なんだ、うちの社長はすごいじゃないか！」となり、モチベーションも上がった。そのまま仕事をしていけば、スキルも上がる。トップダウンの時代に残っていたお互いの溝が埋まると、悪循環が好循環に、逆回転し始めた。

ファンドがポッカにもたらした一番大きなものは、合理的な意思決定のルールだったと思う。トップダウンをやめ、現場の声が上がるようにしたのもそのひとつだが、社内の慣習みたいなものをずいぶん壊した。

たとえば「この原料は長年付き合ってきたA社で仕入れる」と決まっていても、「原価を下げるなら長年の付き合いは関係ありません。相見積もりを取ってください」と覆した。

「この商品はB役員の肝入りだから、廃番にはできない」というものでも、「利益が出ていなくて赤字のものは、誰のメンツが潰れてもやめましょう」とバンバン切った。

歴史、メンツ、社内の力関係、しがらみと付き合い、慣習。こうした不合理なものを切り捨て、「利益が出るかどうか」で判断していく。


「ファンドはやっぱり怖い。血も涙もないハゲタカだ」

最初はこんなふうに受け取られていたと思うが、僕は必要な改革だと考えていた。

不合理な判断の多くは不公平で、既得権益を持った人が得をするようになっている。誰かの一存で決まったり、なんとなく決まったりしたことに、全員が納得するほうがおかしいのだ。

「合理的な正論を言えば採用されて、それで成果が出る」となったとき、ポッカの本当に優秀な人たちのモチベーションは、ぐんと上がった。モチベーションはまた、成果に直結していた。

僕たちはこうしてファンドの合理的なルールを持ち込んだわけだが、経営の現場を体感すると、「結局、大切なのはモチベーションなのだ」と学んだ。


さらに僕は、**課題というのは「人」ではなく、「人と人との間」に落ちている**ことを知った。一人の悪人がいたわけじゃない。現場も経営陣も、蓋を開けてみれば優秀だった。ただ、経営陣と現場の間、部署と部署の間の断絶で情報が流れず、コミュニケーションがとれていなかったから、その隙間で問題が起きてしまったのだ。

ファンドが介入して行なったのは、現場の情報が上に届くようにしたり、意思決定のプロセスを整理すること、つまりコミュニケーションのやり方を変えること。決して経営陣の総入れ替えやたくさんのリストラといった人事の大革命を行なったわけではない。

登場人物は同じまま、ただ人と人とのコミュニケーションがうまくとれるようにしたら、モチベーションが上がり、業績も上がった。

役職による上下関係はあるにしても、**正論を言って認められるフラットな環境をつくれば、人は変わる。**これは僕にとって、大きな発見だった。

06

セルフリーダーシップはプロセスである

「自分の価値観」は育っているのか？

ポッカ以外の仕事も任されるようになり、それなりに投資先を動かして、僕はAPのなかで中堅になりつつあった。

「ファイナンスに強くてビジネスに弱い」というスキルも経験によってカバーされ、一般的な若手の仕事なら遜色なくできるようになっていた。やはり目の前のことを本気でやるのが、スキルを身につける最良の策だということだろう。

ところが、ファンドの特徴である合理的な判断によって企業再生という手応えも感じられているポッカで、事件が起きた。

缶コーヒーに異物混入という、メーカーにとっては深刻な事態だ。製造過程で入ってしまったと工場から報告があり、すぐに緊急役員会となった。

報告によれば、その異物は幸いなことに、健康に一切害がないものだった。味はごくわずかに変わるものの、「ポッカのコーヒーの超マニアで味に敏感な人が、気づくかどうか微妙というレベル」とのこと。

異物混入を発表するとはすなわち市場在庫の回収をすることで、とんでもなくお金がかかる。利益を第一に考える合理的なファンドとしては、絶対に避けたい事態だ。

だが、気がつく人はほぼいないといっても、黙っていて万一誰かが気がついたら、認めざるをえない。お客様に対して不誠実だし、信用は失われる。

「でも、健康に害がないものがほんの少し混じったくらいで、不誠実といえるのだろうか？」という感覚も、当時の僕は捨てきれなかった。

どうすべきか正解はない。でも、決めるしかない。意思決定はビジネスそのものであり、経営者の仕事だ。なぜならそれは「うちはこういう会社です」という宣言になるからだ。そしてポッカの社長は、「異物混入を発表し、自主回収をする」と決めた。

結果的には対象範囲もそれほど大きくなく、当時のポッカにとっては傷の浅い事件ということで落ち着いた。ただ、僕にとっては大きな出来事だった。それまで僕は合理的な意思決定がうまくいくという手応えを感じていたが、自分のなかでの「合理的の限界」を見てしまったのだ。合理的に決定できる範囲と、経営における意思決定の範囲はまったく別物と気づいてしまった。

正解はないとき、どうするか。それは企業理念や経営者の「自分の価値観」で意思決定するしかない。論理ではなく感情で意思決定する――自分のキャリアについては無意識にそれをやってきたけれど、経営の現場で「正解がないなか、自分の価値観に従って意思決定しなくてはいけない」というシーンに直面し、痛感した。

「これまで身につけたスキルだけでは足りない。自分の価値観を持たなければ」と。

MBAで意思決定の1000本ノックを受ける

その頃、僕は『ハーバードMBA留学記』(日経BP出版)を読んだ。著者は2006年にライフネット生命の前身であるネットライフを立ち上げた岩瀬大輔。同世代のホープだから、僕も何げなく手に取ったのだろう。

すると第1章のエピソードで、僕は「これだ」と思った。もう、心が動いてしまった。

簡単に紹介すると、こんな話だ。

ハーバードビジネススクールの授業で、第二次世界大戦中のドイチェバンクのケースが課題として取り上げられた。ナチスによるユダヤ人迫害が広がるなか、ドイチェバンク会長もユダヤ人だったという。

「このままでは自分は追放される」

身の危険が迫ったユダヤ人会長は、当時の役員たちに悲痛な手紙を残している。課題は、「あなたが手紙をもらった役員だとして、どのような返事を書きますか？」というもの。

岩瀬さんは悩んだという。同情はしても、政府に逆らって自分と家族を危険にさらしてまで同僚を助けられるだろうか？　結局「スイスへの転勤を勧めて、お金の面でできるだけ援助する」という現実的な対策についての返事しか書けなかったそうだ。

後日、同級生のカメルーン人とその話になったとき、岩瀬さんはこう指摘される。

「ダイスケの返事には『守るべき信念 Principle』がない。白・黒を判断しないグレーな判断をすると、グレーな問題は必ず悪い方向に流れるものだ。自分のなかで明確な軸を持っていなければ、いずれ経営者になったとき、誤った方向に流れてしまう」

真っ向から「僕は仲間を助けるという手紙を書いたよ。そうしなければ一生自分が後悔すると思ったから」というカメルーン人に、岩瀬さんは信念の大切さを痛感するのだ。

この話を読んで、僕は決めた。

「ビジネススクールに行ってＭＢＡを取ろう」

それまで僕は、ビジネススクールとは経営戦略やマーケティング、つまり知識を学ぶところだと思っていたし、インプットよりアウトプットがスキルを身につける最良の策だと確信していた。企業買収は総合格闘技で、経営に必要なことは全部やらなければいけない。つまり、僕が毎日ヒリヒリする緊張感で実際にやっていることを、のんびり机に座って勉強するなんて意味がない。せっかく貴重な経験をしているのに、1年も2年も現場を離れるなんて時間の無駄だし機会損失だと信じていた。

だが、岩瀬さんの本を読んだとき、自分は完全に間違えていたとわかった。

このままだと、ポッカの社長が自主回収をしたような意思決定は一生できない。僕には確固たる信念や自分の価値観がない。

岩瀬さんの本を読むと、ビジネススクールで学ぶのは、正解のないものをどう意思決定するかということだとわかった。正解がない問題について、自分の意思で答えを出すケーススタディーがたくさん出てくる。おそらくビジネススクールとは、意思決定の1000本ノックをする「訓練の場」なのだ。そうして初めて自分の価値観が育ち、優れた経営者としての素地ができる。

ファンドの経験だけでは、自分の価値観は育たないか、育つにしても時間がかかりすぎる。実地で1000本というわけにはいかないし、僕が意思決定させてもらえる場もそうないし、シミュレーションできるケースも年に数回。MBAには到底及ばない。

心が決まった時点で、意思決定はできている。あとは準備をするだけだ。

セルフリーダーシップとはプロセスである

こうして僕はオックスフォード・ビジネススクールに行くことになった。なぜハーバードでないのか？　その話は第4章でしていこう。

「あれ、第3章は終わり？　セルフリーダーシップの話はどこへ行った？」

もしもあなたがそう思ってくれたなら、しっかりと読み込んでいてくれてうれしい。だが、僕の青春記みたいな第3章全体が、実はセルフリーダーシップの本質である。

セルフリーダーシップについて、僕はこう定義している。

自分で目標を決め、実行して達成し、自分で評価すること。

仕事を探す、変える、目標を立てるといった場面で、自分を動かし、その都度、意思決定を下すこと。

銀行でも企業買収ファンドでも、僕は自分で目標を決め、実行して達成し、自分を自分で評価した。ＡＰに転職し、圧倒的に足りないスキルを人に助けてもらって身につけたり、どん底に落ちて自分の強みを見つめ直した。

「ファイナンス勉強会をしよう！」「コミュニティーに貢献しよう！」「ＭＢＡに行こう！」という個々のトピックスは小さなものだけれど、自分で目標を決め、意思決定して行動したという点で、すべてセルフリーダーシップを発揮した一例だと自負している。

自分のことは自分で決めなくてはいけないのではなく、自分のことは自分で決めていい。なぜなら、自分で決めるというのは、義務ではなく権利だ。人生が１００年もあるのなら、僕たちはもっと、この権利を使い、楽しんだほうがいいのではないだろうか。

ティール組織とリーダーシップ

自分のことは自分で決めていい——今後は組織においてもこのルールが通用するようになると僕は考えている。

たとえば、組織におけるリーダーシップも、すでに変化を始めている。これを明確にまとめて提示したのが『ティール組織』(フレデリック・ラルー著、邦訳:英知出版)だ。原題は“Reinventing Organizations”だから、テーマは「組織の再発明」。

日本でもベストセラーになったから既読だという人も多いだろうし、未読の方はぜひ手に取っていただきたいが、ここでは僕なりの解釈でざっくり説明しておく。

かつて組織は反社会的勢力のように、恐怖や脅しで統制されていた(Red:恐怖や衝動を象徴する血の赤)。それが軍隊や学校のように、上下関係や規律で統制されるようになる(Amber:制服のような茶色)。

そして今のほとんどの企業は、成果でマネジメントされている(Orange:成果=果実のオレンジ）が、スターバックスやパタゴニアみたいに理念によって運営され、多様性を重んじる組織も生まれてきている（Green：多元的かつ人間的なグリーン）。

ラルーが考えるこれからの組織は、沖縄やハワイの海みたいなエメラルドグリーン（Teal：生命の源である海の色）だ。そこでは、リーダーが統制するのではなく、メンバー一人ひとりが自発的に、それぞれの目標に向かって進む。

日本の企業のほとんどは、グリーン組織に憧れながらもオレンジ組織どまりだし、パワハラが横行するブラック企業はさしずめレッド組織のまま進化していないのだろう。

年功序列制度の伝統があるから、いまだにアンバー組織が好きな人も多いが、旧来型の組織が機能していないことは、みんなすでに悟っている。だから、新しいマネジメントを描いた『ティール組織』は支持されたのだ。

僕の周りにもこの本を読んだ人は多くて、特に経営者には、前半に書かれている自主経営に興味を持つ人が多いようだ。確かにリーダーがいなくても回っていく組織というのは、マネジメント側の人にとっては魅力的だし、インパクトがある。

だが、僕が「この本、すげえよ」と思ったのは個人にフォーカスした後半部分で、「これはセルフリーダーシップそのものだ」と感動した。

「一人ひとりがどういう人生を歩みたいのか本気で考えなければいけない」

これはまさしく、人生１００年時代の日本に必要なことだ。

「会社やプロジェクトの使命、価値観はなんだろう？　それに基づく仕事は、自分にとって本当にやっていて幸せなことか？」

「自分が好きなこと、本気になれることを追求してこそ幸せにたどり着く。それなら、自分の好きなことは何か？」

こういう自問自答を一人ひとりがしていく。経営者や管理職だけでなく、みんなが自立し、自分をマネジメントする生き方を考えることが、セルフリーダーシップの本質なのだ。

ティール組織の目標はメンバー個人の「生きがい」や「正義」に紐づいている。つまり、「好きなこと」に直結しているというわけだ。

みんなが好きなことを本気でやれば、自然に協力関係が生まれて、組織が進化していく

――僕の考え方とつなげると、『ティール理論』はこんなふうにも読める。

そして、好きなことをやれるように、自分で自分をリードしていくことが重要だ。

リーダーシップとはスキルではない

「リーダーシップ＝スキル」だと誤解をしている人は多い。

それは無理もない話だ。人をどうやって動かすか、人のモチベーションをどう引き出すかといった、組織のリーダーだけに必要なマネジメントの一形態というのが昔の理解だったのだから。「デキるリーダーになる10の法則」みたいな、組織内でいかにリーダーシップスキルを発揮するかという、狭い意味での解釈がなされていた。

だが、これからは組織を超える時代がやってくる。

あなたが会社のリーダーで、すべて順調だったとしても、80歳までそれは続かない。続いたとしても、一人の人間として社会とかかわりを持たなければ、人生は豊かにならないのではないだろうか？

あなたが大企業のカリスマ社長のもとで働いていて、「このリーダーについていけば間違いない」と思っていたとしても、80歳までそのカリスマ社長についていけば万事安泰だろうか？　僕は違うと考えている。

全員が、自分のリーダーとなるセルフリーダーシップを持ってこそ、本当に自分に合う、心を満たす仕事を選び取れるし、自分が身につけたいスキルが身につく。

正解がない、予測ができない人生１００年時代、解けない問題を前に意思決定を下すのは、自分自身しかいないのだ。

セルフリーダーシップを身につけるのが先か、スキルや個人の価値観を身につけるのが先かというのは、ニワトリと卵だ。だが、ひとつはっきりしているのは、セルフリーダーシップとは、スキルではなくプロセスであるということ。

普通と違うのでもなく、人と違うのでもない、「本当の自分らしさ」を獲得していくプロセスそのものが、セルフリーダーシップなのだ。

そのプロセスは、人生を振り返ったとき、きっと「自分のストーリー」になっているはずだ。自分が主人公の、自分らしい物語を、誰もが生きる。そのストーリーは仕事やキャリアが主軸であっても、それだけにとどまらない。もっと豊かで幅広いものだ。

自分のストーリーを生きるとは、僕が経営する「ココナラ」の理想でもある。

第４章では、僕のストーリーを紹介しながら、「自分のストーリーを生きる方法」を提案したい。あなたにも、自分のストーリーを生きてほしいと、僕は心から願っているから。

第4章

自分のストーリーで生きていく

――21世紀のキャリア形成について考える

01

偶発的計画性を持つ

アメリカ＝世界ではない

自分の価値観を持ちたいなら、あらゆるものの定義を改めて考えてみるといい。

普通ってなんだろう？　日常ってなんだろう？　家族ってなんだろう？

お題はなんでも構わない。当たり前すぎて考えたこともないことを、ゼロベースで考えて定義する。そうすると「あれっ、こんなことだったのか」という違和感が見つかる。答えよりも違和感が大事だったりする。

その考えるプロセスから、自分の価値観が見えてくる。自分の価値観がわかれば、自分のストーリーを生きられるようになっていくはずだ。

ＭＢＡを取るなら海外のビジネススクールというわけで、僕は「世界ってなんだろう？」と改めて考えてみた。アメリカは人種のるつぼで世界の縮図といわれ、確かにそのとおりだが、やっぱり「アメリカ」というひとつの国であって世界じゃない。

日本には「ワールドワイド」と謳っていながらアメリカの情報ばかりというテレビやウェブもあったりして、僕たちはとかく「アメリカ＝世界」と定義しがちだけれど、それはちょっと視野が狭い。

大学時代の留学は「迷うまでもなくアメリカ」だったけれど、ＭＢＡを取ろうと考えたときは「待てよ」と思った。アメリカのＭＢＡは優れているが、学生の7割はアメリカ人。調べてみると、最も多様なビジネススクールでも5割がアメリカ人だとわかった。つまりアメリカのビジネススクールとは、アメリカ流ビジネスを学ぶ場なのだ。

意思決定の訓練の場が欲しいのに、アメリカ人という似たような人がたくさんいる場所に行ってはいけないと考えた。

オックスフォードでＭＢＡを取ろうと決めたのは、イギリス人が10％もいなかったこと。多数派はインド人と中国人で、アメリカ、カナダ、イギリスと続き、日本人はその次くらいで5、6人。２００人余りの学生の出身が50カ国以上に及び、インドと中国が多いというのは、世界の人口比率に近くて現実に即したバランスだと感じた。

また、オックスフォードは「企業買収」が看板だから、自分のキャリアとしても、意思決定の訓練の場としても申し分ない。もうひとつの看板事業として、対極にある「社会起業」を掲げているのもユニークだ。コンサルや金融から来ている生徒とNPOやNGOから来ている生徒が混じり合って勉強するビジネススクールなんて、なかなかない。

行ってみると確かにそのとおり、オックスフォード・ビジネススクールは世界の縮図だった。印象的だったのが「ビジネス・イン・チャイナ」という授業。中国のビジネスについて扱ったものだが、題材としてそっくりのデザインの車を見せられた。一台はアメリカの有名モデル、もう一台は中国のモデルだ。知らないメーカーのもので、アメリカ車を真似て作られたとあからさまにわかる。

アメリカ人学生がまず知的財産権について滔々と語り、中国のデザインのパクりっぷりを非難する。発言しなければいる意味がないというのはファンドと同じ。僕を含めてほかの学生も次々と意見を言ったが、アメリカ人とほぼ同意だった。

だが、北京出身の中国人学生はこう言った。

「そもそも車のデザインって、なんだよ？　タイヤが四つでハンドルがひとつ。似ているとパクりだというのなら、世界中の車がデザインの盗用だ。この車はなんの問題もない」

彼は共産党の役人。非常に頭もよく、国に帰れば、あの巨大な国家の中枢で活躍するような人材だろう。そんなエリートが、どう考えても「こりゃあパクりだ」という車のデザインを、真剣に「パクりではない」と信じている。いや、それとも彼なりの戦うポーズなんだろうか。少なくともふざけて言っているわけではない。いずれにせよ、とんでもなく価値観が違うのだ。

「すげえな、この振れ幅。世界で戦うって、こういうことか」

僕は改めて、オックスフォードに来てよかったと感じていた。

５年働いて１年休んでもいい

大学受験と同様にビジネススクールの志望はオックスフォード一校に絞ったから、その点は迷いがなかった。

「世界の縮図であり、意思決定の訓練の場として最適なのはオックスフォードだ」

「同僚にはハーバードＭＢＡはたくさんいてアメリカにコネがあるが、ヨーロッパにつながっている人はいない。ここでイギリスを足場にヨーロッパ人脈をつくれば、ＡＰで新たなポジショニングができる。いずれヨーロッパオフィスのマネジャーになりたい」

２００７年のＡＰは絶好調で、香港支店ができたばかり。次はアメリカだ、ヨーロッパだという話が出ていたから、野望があった。おまけにオックスフォードは1年で修了できるから、会社の許可も取りやすい。

激務でおざなりにしていた家族と向き合う時間も欲しかった。オックスフォードは総合大学で、家族の受け入れ体制も整っているし、何より学園都市というくつろげる環境も気に入った。

みんなが週に5日働いて2日休むなら、僕は5年働いて1年休めばいいのだ。

僕の例はいささか極端に過ぎると思うが、働き方も休み方もいろいろでいい。

土日に休むのがいい人もいれば、20日ぶっ続けで働いて10日休みたい人だっているはずだ。そういう働き方ができるようになったら、それも多様性の実現ではないだろうか。

「デカい案件」こそ、まとめてこなす

行ってしまえば最高だったが、実際のところ仕事をおおむね仕上げて留学するまでは、

なかなかにタフだった。

ファンドの仕事は、買収と経営参加で企業を再生させるだけで終わりじゃない。より価値を高めて売却するイグジットがゴールだ。順調に回り出したポッカも、売却の時期を迎えていた。ＡＰの傘下でいるのはいっときのこと。いい「嫁入り先」を決めてどこかのグループに入る、あるいは再び上場企業にすることが、会社のさらなる発展にもなるし、投資家やＡＰの儲けにもなる。

ポッカについては完全なイグジットの前に事業提携を目的とした部分売却に動いた。ポッカの資本業務提携は全精力を投入しても足りないくらいのデカい案件で、何がなんでも成功させるつもりだったが、僕には同時にもうひとつ、やりたいことがあった。コメダだ。

オーナーが引退するが後継者がいないので、売却したいという話だった。１９６８年に加藤太郎さんが名古屋で始めた「コメダ珈琲店」が、いよいよ新しいステージに移ろうとしていた。

２００7年当時のコメダはまだ全国区ではなく、関東では横浜江田に直営店が1店舗と、神奈川県に少しのフランチャイズがあるのみ。たっぷりのモーニングサービスをはじめとする「名古屋の文化」を体現しているコメダは、名古屋人の僕としては、最高の形で大きくしたいという思い入れがある会社だ。

「これを手がけるのは俺しかいない！」と、同僚3人と結託してすぐにデューデリジェンスを始めた。ただし、会社には内緒だった。案件の情報が入ったらすぐに上司に報告し、会社が正式にアサインして担当が決まるというのがルールだが、正式ルートをとったら、イグジットを控えたポッカ担当の僕は、やらせてもらえないだろう。

そこで隙間時間を使い、水面下で僕のポッカ人脈や名古屋人脈にアプローチし、先にデューデリジェンスを開始してしまったのだ。

2007年のある朝、僕たちはそれを会議でいきなり出した。

「実はコメダの案件がありまして。すでにこんな資料も作りました」

「なんだこれは。勝手にここまで進めたのか！」

パートナーには怒られたけれど、最終的には認められ、担当させてもらえた。その間もポッカのイグジットは待ったなしで、海外の投資家とも渡り合わねばならない。

こうして猛烈に働いているなかで英語の勉強をし、レポートを書いてオックスフォードに出願したから、会社のみんなは僕が受験をしていることを知らなかっただろう。もし知っていても「冗談だろ」と信じなかったに違いない。

選考はまず、過去の学業成績、TOEFULやGMATといったテストのスコア、推薦状、職務履歴、エッセイなどを合わせた出願書をもとに行なわれ、次が個人面接だ。一応チームメンバーだけには事情を話し、仕事を抜けてイギリスで面接を受けた。ホテルでは日本と電話会議をするなどして仕事をし、とんぼ返りで帰国した。土日を利用したから、たぶん1、2日の休みで受験を済ませたと記憶している。いつも投資先に行っていてオフィスには出社しないので、イギリスに行ったこともおそらく誰も気づかなかっただろう。

人生に「段取り」はいらない

誰にでも忙しい時期はある。「この仕事が落ち着いたら、これをやろう」とか「子どもの受験が終わったら、自分のキャリアを考えよう」とか、まず片づけるべき目の前のことをやって、新しいことをやるのはその次だと、先を見ながら段取りをする。

この段取りというのは真っ当なやり方に見えるけれど、実は違うんじゃないかと僕は考えている。

なぜなら「この件が落ち着いてから」と思っていたら、また「次の件」がやってくる。そうやってやりたいことを先延ばしにしているうちに、時間はあっという間に過ぎる。

僕にとっては想像の世界で、間違っていたら許してほしいが、ずっと忙しくしていた人が定年になり、いきなり「落ち着いた！」という状態になったら、手つかずで放っておいた「ずっとやりたかったこと」ができるというのも、ちょっと違う気がする。

よく知られた慣性の法則と同じで、人は動いているときは動き続けようとするし、止まってしまうと止まり続けようとする。だったら多少無茶をしても、動いているときは猛烈に動く。やりたいことを同時にやる、無茶苦茶な時期があってもいいのではないだろうか。

あなたが20代、30代なら、一番元気で野望がある年頃だ。ありえない限界まで頑張る経験をすれば、それは一生の宝物になる。

あなたが40代、50代になっていれば、もう一度限界まで頑張る経験をしろというのは難しいかもしれない。ただ、これまでの経験が多いからこそ育ってきた自分ならではの価値観がきっとあるはずだ。がむしゃらではなくても、しがらみを振り切る勇気ひとつで、慣性の法則から抜け出すことはできるはずだ。

確かに40代は体力が落ちる。僕も40歳になったとき、腰痛に悩まされて弱気になったけれど、80歳まで働くならまだ働く期間の3分の1だ。40代の僕たちは、これまでの世の中のルールでは先が見えてきたベテランだが、人生１００年時代のルールでは、まだ先が見えない若造なのだ。

段取りなんか忘れて、目の前のことを本気でやるのは、何よりも楽しい。そもそも、どんなに緻密に計画を立てても、外的要因でプランは崩れるし、自分の気持ちだって変わる。僕はポッカの社長の意思決定にしびれ、2008年、それまで考えてもいなかったのに発作のようにオックスフォードに行ってしまった。これが1年遅かったら、リーマンショックが起きていたから行けなかっただろう。

一方で、僕が引き継いだポッカの完全売却が決まったのは僕がイギリスに行っている間で、もしあと少し日本にいたらもらえていたはずの、巨額のボーナスは手にできなかった。僕も「お金はたくさんあるほうがいい」と思うけれど、お金はただのお金だ。金融なんて波があるから、勝ち続けることはない。オックスフォードに行けなかった偶然よりも「行けた偶然」のほうが自分には合っているし、何よりとても気に入っている。

こうしてすべてのプランは自分の意思決定と偶然で決まっていく。やっぱり長期のキャリアプランなんか意味がない。偶然にうまく乗るのが「偶発的計画性」で、目の前のことに本気でなければ成立しない。

「偶発的計画性」こそ、段取りよりも人生に必要なものだと僕は思う。

02

人の役に立って「パーソナルブランディング」をする

アウトプット・ドリブンでMBAを自分のモノにする

「日本人は勤勉なうえに、僕は企業買収ファンド勤務です。毎日午前3時まで、クレイジーな働き方をしてきました。だからここには、半分バケーションのつもりで来ました」

オックスフォードで授業が始まったとき、僕がそんな冗談まじりの自己紹介をするとクラスはざわついた。課題が山のようにあり、とにかく厳しいといわれるビジネススクールなのにバケーション？　しかも「単なる金儲けに走るビジネスではなく、社会起業家になってほしい」とオリエンテーションから呼びかけるような学校なのに、企業買収ファンド出身だと？

「Money evil!」

冗談まじりの野次が飛ぶ。クレイジーなお金の悪魔には興味なしという顔をあからさまにされて、衝撃を受けた。キラキラな企業から来ている人もいたけれど、「自分の国をよくしたい」「ＮＰＯ運営に役立てたい」という人もいた。アフリカで人道支援をしていた人から見たら、確かに僕はお金の悪魔だろう。つまり望んだとおりの世界の縮図、バラエティー豊かな顔ぶれだった。

オックスフォードに限らず、ＭＢＡは予習が大事だ。知識を入れず、いきなりケーススタディーをしてもなんの意味もない。だから1授業につき読むだけで数時間かかるような課題をやるのは、泣きたいほどキツイけれど当たり前だと思っていた。ＭＢＡは意思決定をするトレーニング。限られた時間のなかでギリギリまで情報をインプットし、自分の判断を絞り出すことを続けないとなんにもならない。

そして同じくらい大切なのは復習を兼ねたアウトプットで、誰もその重要性を認識している人がいないように見えたが、それをしない限りなんの定着もないと僕は考えていた。

組織行動学を研究していたデイヴィッド・コルブが唱えた「経験学習モデル」というものがある。２０１８年に『最強の経験学習』（辰巳出版）という日本語版も出たが、経験し、考察し、抽象化し、実践してこそ身につくという考え方だ。

僕はこれを応用し、ケーススタディーで得た「経験」を自分なりに「考察」し、自分なりのルールや法則を導くといった「抽象化」をして、「実践」の代わりに日本企業のケースに当てはめて考えることをした。アウトプット・ドリブンを意識し、時にはそれをブログで発信した。

僕がオックスフォードに行った2008年は、アメリカで2006年に誕生したツイッター、2004年に誕生したフェイスブックが日本上陸を果たした年だ。まだサービスが始まったばかりで、日本でよく利用されているのはブログだった。

授業で学んだことを日本企業のケースに落とし込んで原稿化しようとすると、たくさんの発見があった。何事も文章にすると、自分の考えを客観視できる。「あれ、ロジック破綻してるな」とか「雰囲気でわかったつもりになってたけど、実は整理されていないな」などと粗が見えてくるのだ。

そうやって書き上げた文章を発信すれば、読者からフィードバックが得られる。それによって理論の精度が上がったり、理解が深まったりする。フィードバックをくれた人と、つながることだってできる。

1日15分でもいいから、習ったことを自分なりの理論にして、「書く」「発信する」というアウトプットをすることをあなたにもお勧めしたい。理想的にはさらに実地で試してみることだが、書く時間すらなければ、「自分だったらこうだ」という脳内実験でもいい。今ならフェイスブックやさまざまなプラットフォームができて、より発信しやすくなっているはずだ。

人の役に立てれば世界でサバイブできる

僕のブログ「遅咲きの狂い咲き」は、アウトプットと発信の場だった。ペースダウンはしたものの今も続けていて、「読む人に役立つこと」も意識している。

一晩で3万人に読まれた一番の人気記事は「起業家が結ぶべき『創業株主間契約書』とは」という地味で実務的なネタ。必要なのにわからない契約について法律にまで突っ込んで書いているから、役に立つ人には深く刺さったのだろう。書いて5年経った今でも何人もの若い起業家に、「いやー、助かりました」と言ってもらえる。そこからまたコミュニティーがスケールするし、いろんな人脈もできていく。

逆にいうと、自ら発信しなければ人の役に立てないし喜ばれないし、つながりや人脈もできないというのは、ブログに限った話じゃない。自分から動かなければ何も変わらないのだ。

大学時代のアメリカ留学は後に結婚する妻と日本語で話してばかりいたからか、僕の英語力はたいしたことがない。

「アキの英語って、最初は何言ってるか全然わかんなかったよ」とオックスフォードの同級生にもよく言われた。

カリキュラムは3学期制で、1学期目のスタディーグループは学校が決め、すべての授業を同じグループで受ける。そして2学期目からは授業ごとに自分たちでグループを決める。つまりデキる奴はデキる奴同士でグループになり、誰も仲間に入れてくれないはみだしっ子は余りもの同士でグループになるということだ。

成績はグループごとに決まるから、「余りものになるかも」というのは壮絶な恐怖だ。また、日本人や韓国人は、同国人で固まる習性がある。それだけは絶対に嫌だった。

「ＭＢＡを触媒にしてすごいリーダーになりたい。ヨーロッパで人脈をつくりたい」

野心もあった僕は、1学期は「予習を欠かさず時間厳守」といった当たり前のことをきっちり守った。日本人の英語はスピーキングがだめでも読むほうはそう悪くないから、本を読む予習なら努力でなんとかなる。

また、これまでの経験上、比較優位で勝負しようと「数字がらみのことは任せてほしい」と宣言して「エクセル勉強会」を主催した。ファイナンス関係の課題が出たら苦手な人を手伝ったし、フィナンシャルモデルのつくり方の個別指導は、10人以上やったと思う。

これは銀行とファンドで身につけたハードスキルと、人の懐に飛び込み、人間くさく付き合ってコミュニティーに貢献するというソフトスキルの合わせ技だった。

やがて「アキはチームにいると役立つ奴だ」という評判が広がっていった。**人の役に立つことができれば、どこでだってサバイブできるのだ。**

あいつは英語が下手だけれど、数字的なところは全部やるし、予習も抜かりないし、何よりとても親切だ……。

こうして2学期はデキる奴のグループに「選ばれる人」となり、3学期は僕が好きなメンバーを決められるという「選べる人」になっていた。

ビジネススクールは「未来のリーダー」と出会う場所

「今回の課題はこういうフレームワークでやるぞ。先生の欲しい答えはこうだから、こんな論文にしないか？」

グループ共同で論文発表があるなら、僕は真っ先に予習して分析し、仮説を立てて事前にメンバーにメールをしたり、ホワイトボードに書いたりしておく。要点だから論旨がわかればそれでいい。

「アキがここまでまとめてくれたなら、あとは文章を整理してレポートにするだけだな！」

課題が多くてあっぷあっぷだから、僕が最初に要点をバチっと決めればメンバーは分析の手間が省けて大助かりだ。僕のほうも、正しい英文でレポート作成となれば果てしなく時間がかかるから、英語ネイティブのメンバーに頼めるのはありがたい。

こうして得意なことは買って出て、苦手なことは手伝ってもらうというバランスで僕のグループは好成績を取れたし、メンバーや日本人の同期とは最高の仲間になれた。

誕生日パーティを開いたり、クラブＤＪをしたりとずいぶん遊んだし、ヨーロッパのビジネススクールが一同に会して行なう「ＭＢＡトーナメント」ではラグビーの試合に出場を果たした。その際も「この試合の戦略はこう行こう」とメモをまとめてチームメンバーに配ることも忘れなかった。

2度目の学生生活を、僕はサバイブしたというより、大いに楽しんだというわけだ。

自分の能力だけで勝ち上がるなんて、どうやってもできない。

周りの人の力を借りたり、自分の強みを活かしたり、コミュニティーに貢献して応援されるようになったり、全部を組み合わせたものが仕事だ。

これはＡＰでずっとやってきたことだけれど、世界の縮図のような場所でも仕事を抜きに同じことが再現できた。これもオックスフォード時代の大きな収穫だった。銀行、ＡＰと同じようなことを続けてきたが、僕のパーソナルブランドが固まったのは、オックスフォードだったと思う。このとき知り合った人たちとは、今も交流が続いている。

読んでくれている人のなかには「いずれＭＢＡを」と思っている人もいると思うから、はっきり書いておきたい。

ＭＢＡだけじゃ意味がない。「リーダーになる方法を学校で習う」という受け身の発想でビジネススクールの課題をこなしても、リーダーにも経営者にもなれない。

ＭＢＡはもともとリーダーだった人が、よりすごいリーダーになるための触媒だ。自分から動き、ハードスキルだけではなくソフトスキルを駆使して「自分なりの答え」をつかみ取った人だけが、よりよいリーダーになれる。本を読めばわかるようなビジネスの「知識」について学ぶことだけを目的に２０００万円ものお金を投じるのは、費用対効果が悪い。ビジネスについて学びながら、一生の資産となるような価値観を育んだり、将来一緒にビジネスをしていけるような優秀な人と人脈をつくる場にしてこそ、ビジネススクールに行く意味がある。

その意味で、助け合って仲間をつくることができた僕は、オックスフォードで十分に元を取ることができた。

03 自分が行動することで社会が動く

ブラストビートとの出会い

オックスフォードでの1年間はあっという間で、最後のプロジェクトは2カ月かけて実際に企業のコンサルティングをするというもの。世界中の有名企業から依頼が来るし、実費ぐらいはその企業に出してもらえる。１グループ4、5人で、アメリカに行くグループもいればアフリカに行くグループもいて、クラスが世界に散らばる。

ところがリーマンショックに直撃されたばかりの２００９年は、企業から依頼されるコンサルティングプロジェクトの数がとても少なかった。

僕がイギリスに来た1週間後にリーマンショックが起きたというタイミングだから、出国時は絶好調だったＡＰも、１年間新しい投資をひとつもしていなかった。それだけ世界経済は弱っていたのだ。

「せっかく最後に実践できるっていうのに、パッとしないプロジェクトしかないな」

がっかりしていると、友人にSkoll World Forumというイベントに誘われた。オックスフォードで毎年行われる世界最大のＮＰＯ系のイベントだ。

「アイルランドの面白いＮＰＯが来ているから、その人に会いに行かない？」

それがブラストビートとの出会いだった。聞けば、音楽を使った若者の社会教育プログラムだという。


そういえばＭＢＡを考え始めた頃、僕は英語の勉強を兼ねてジョン・ウッドの〝Leaving Microsoft to Change the World〟を読んだ。『マイクロソフトでは出会えなかった天職』（ダイヤモンド社）というタイトルで日本でも出版されている。

マイクロソフトを辞めて社会起業家になったウッドのＮＰＯ「ルーム・トゥ・リード」は、途上国の子どもたちの識字率を上げる活動をしている。マイクロソフトで培ったビジネステクニックを用いてＮＰＯを運営し、子どもたちに教育を与えて貧困からの脱出を図るという素晴らしい取り組みだ。

「すげえな、マイクロソフトという第一線のビジネススキルで社会貢献。しかも教育だ」

単純な僕は感化され、「社会を変えるのは、これからの人材そのものを変える教育だな」と感じていた。

僕はまた、演奏はできないけれどロックが大好きで、今でも時々ＤＪをやっているし、昔から「いつかライブハウスの親父になってミュージシャンを育てたい」という漠然とした憧れを抱いていた。ブラストビートは教育と音楽、その二つが合体したＮＰＯだというから、面白くないはずがない。

ホテルで、ブラストビートを始めたロバート・スティーブンソンに会った。とにかく話し出したら止まらない情熱的なおじさんだ。もともと音楽プロデューサーで、ダブリンで後の世界的なロックバンドであるＵ２を発掘して世界のマーケットに送り出したというのが彼の自慢だ。ただ、昔話はほとんどすることはなく、未来に向けて社会に貢献しようという使命感と、若者と音楽へのまじりっけのない愛情を持っている。

何よりプログラム自体がすごかった。10名程度の高校生が「ミニ音楽企画会社」をつくり、実際にロックコンサートを企画・運営するのだ。

高校生たちはＣＥＯ、セールス、マーケティング、財務など、役割を決める。そしてライブハウスをまわって、10代のメンバーがいるバンドを発掘する。出演依頼から始めて、会場を押さえ、PRサイトを作り、告知し、チケットを販売し、コンサートを開催するという全プロセスを行う。もちろん売り上げも意識するが、4分の1はNPOに寄付する。同時に各チームが発掘したバンドのコンテストも行い、若いミュージシャンのデビューの支援をしていた。

「高校生が自ら動いて、音楽ビジネスのフルコースを体験する。ゼロから始めてコンサートを開くまで、全部だ」

音楽会社の大人がやってもタフなことだから、営業がうまくいかなかったり、ダメだと思っていた会場がとれたり、売れなかったチケットがPRでバズったり、さまざまなことがあるだろう。若者に「ビジネスのリアル」を体感させ、コンサートに来てくれるたくさんの人と触れ合うことができる仕組み。これがあれば、彼らがどれだけ多くを学べることか。自分たちが動いて、音楽の力で人を動かす。自らの力で稼いだお金を、自分たちが信じる価値観のために寄付をする。その感動は凄まじいものに違いない。

そうやって10代でビジネスマインドやセルフリーダーシップ、社会貢献を学んだ若者が大人になったら、社会は変わるのではないだろうか。話を聞いただけで、心で「ワオ!」だ。

僕はもう一度、気球をあげたい

僕は就職氷河期のロスジェネ世代、自分から動くやり方がわからずに苦しんだ友人も多くいた。そしてリーマンショック後の日本は、ますます冷え込んでいて、日本では派遣村が問題になっていた。僕の世代は非正規雇用者も多く、僕には他人ごとではなかった。働く理由がわからず、先行きに可能性が見つからず「何をしても変わらない」と諦めた親や学校に育てられた子どもたちも、どんどん動けなくなってしまうかもしれない。

ホテルでロバートと話しながら、自分がブラストビートを手がけている姿が浮かんできた。突然現れたイメージだけれど、すぐに心の中いっぱいにふくらんだ。ビジネススクールは最終テスト中だったが、イメージがまったく離れず、気もそぞろだった。

僕には同じように、心がふくらんだことがある。愛知県立旭丘高校の2年4組の学園祭の出し物として作った気球だ。

学校全体のイベントではなく、単なる1クラスの出し物として、人が乗る気球を作ろうという無謀なプラン。どう学校の許可を取ったのか、インターネットもない時代にどうやって作り方を調べたのか、詳細はよく覚えていない。

なぜなら言い出しっぺは僕じゃなかった。合理主義で現実的だから、逆に最後まで反対していた。でも、やると決まってからは、失敗するのはカッコ悪いと頑張ったのだ。

「高校生の手で気球をあげたい。それに耐えられる布を探しています」と連絡したら、無料でオレンジと緑の布を提供してくれた東レ。

関西の東レの倉庫から名古屋まで、無料で布を届けてくれた佐川急便。

最新のミシンを10台無料で貸してくれたのは、地元名古屋のブラザー工業だ。

予算のない公立高校で気球を作ることができたのは、親たちからのカンパもあったが、企業に働きかけて協力してもらえたからだった。

ＮＨＫに放映してもらえるようかけ合ったことも、励みになった。全部自分たちでやったと思っていたけれど、今思うと違う。自分たちで動いて、人を動かしたからできたのだ。

材料集めはおしまいではなくスタートだ。部活や勉強、それぞれ事情があるなか、限られた時間で素人の高校生が気球を作ろうというのだ。学校に泊まり込み、ぶっ続けで作業したけれど、無謀にもほどがあるというのが実態だった。

泊まり込んでいることには気づいていたのに、見て見ぬふりをしてくれた担任の先生のおかげもあり、なんとか無事に完成したけれど、学園祭1日目、気球は飛ばなかった。布は破れるし、空気はうまく熱せないし、気球はしぼんだままだ。

しぼんでいるのは僕らも同じで、ほかのクラスが盛り上がる学園祭の最中、必死で気球の修理をしていた。困ったNHKは隣のクラスの出し物を撮影し始めるし、「これまでの努力は無駄か」という思いで雰囲気は最悪。このときが、一番つらかった。

だが、学園祭2日目、気球は飛んだ。一回一回熱風を吹き込み、その間はみんなで気球を持っているという原始的なやり方。クラスで一番小柄な女子を乗せて、4階の高さまで飛んだ気球を見たときは、あまりの感動に涙が出た。

旭丘は名古屋の公立トップの進学校なのに、ありえない自由さがある独特な校風だった。慶應経済学部の同級生は銀行や商社勤務とみんな似たようなことをやっているけれど、旭丘は違う。高校時代に数学に夢中だった奴は京都大学で数学を教えているし、やたら体育会系の奴は、自衛隊からアメリカ空軍に派遣されて戦闘機に乗っていた。

たぶん、みんな気球を飛ばしたときのように、「面白いと思ったことを夢中でやる経験」を高校時代にしていたからだ。

高校生のときの「自分たちで動いて、人も動かして、形にする」という体験は、決して忘れることなく、僕の心の隅っこにずっとあった。だが、隅っこだと思っていたのは勘違いで、実は僕のこれまでのキャリアをつくる核として存在していたのではないか。

ブラストビートであれば、行動することで人を動かすという体験を若者にしてもらえる。賛同してくれる企業が増えれば、大人の意識が変わり、今の社会も変わるかもしれない。何より若者が変わるということは、未来が変わるということなのだ。

「ブラストビートというアイルランドのNPOです。学校が紹介してくれるクライアントよりもはるかに面白く、可能性があり、社会貢献としても有意義です。オックスフォードの掲げる『社会起業』にも合致します。卒業前の課題として、このNPOのコンサルティングをさせてください」

すぐに学校にかけ合い、正式に単位が取れるプログラムとして認めてもらった。

こうして僕のグループの最後のプロジェクトは、ブラストビート・イギリス進出のためのコンサルティングとなったのだ。

偶然なのか運命なのか、Skoll World Forumには井上英之さんが参加していた。現在はINNO-Lab Internationalの共同代表を務め、慶應の大学院で教壇に立っている彼は、社会起業の第一人者だ。そして僕にとっては10年前に勉強を教えてくれたゼミの先輩でもある。

その頃、世界のNGO、NPOを紹介する『CHANGE MAKER』というNHKの番組があり、井上さんは監修・解説をしていた。2カ月間のコンサルの間も、僕がブラストビートの面白さをメールで送り続けていたら、井上さんも興味を持ってくれた。こうしてブラストビートの番組が放映されると、深夜番組だったにもかかわらず、かなりの反響があったのだ。

僕はその勢いでロバートと日本に飛び、まさに音楽に育てられてブラストビートそのものの人生を歩んでいた、後に代表となる松浦貴昌をはじめ何人もの素晴らしいメンバーとの出会いもあって、ブラストビート日本版を立ち上げることに決めてしまった。

「日本に帰ったらNPOをやる！」

ブラストビートとの出会いで、僕はもう一度、気球をあげたくなっていた。

ビジネスパーソンの社会貢献
「二枚目の名刺」

卒業まであと1週間。いよいよだなと日本人同期で集まり、最後に寿司屋に行った。ロンドンから電車で1時間ほど離れたオックスフォードにある、しかもイギリス資本の寿司屋だから、味のほうはまあ、あなたが想像するとおりだ。

僕たちはそれぞれ、自分たちの出会いや気づきや経験を、夢中で話した。

日本人同期は一流企業に勤めている、世の中ではエリートとされるメンツ。「お金の悪魔」と言われた僕と同じく「ザ・ビジネス」にがっつり取り組んできた人間ばかりだ。

ところがその場にいた4人全員、最後のプロジェクトに社会起業系のコンサルティングを選んでいた。

「純粋に価値観に共感していることに自分のスキルを使うのがこんなに楽しくて、かつ学びが多いとは思わなかった。俺は音楽が無茶苦茶好きだけど、仕事で使えたことはない。でも、ブラストビートならそれができる」

「でもさ、NPOの人たちって思いはすごいけど、スキルと人材は全然足りてなくない?」

確かにブラストビートも自転車操業だった。企業の寄付で運営していくのだが、ロバートたちは「今あるお金がなくなったら、次のスポンサーを探す」というありさまで、システムができていない。僕たちがコンサルティングしたことで、イギリス進出もスポンサーも決まったが、改善点は山ほどあった。

「日本のブラストビートは、むしろお金がなくても回るような仕組みにしたい。お金がないと持続性がないとは限らない。お金をもらえなくても得られる価値があるのなら今の僕らのように頑張る人はいる。誰かの役に立てていることが感じられて、自分のスキルやネットワークも広がる。これは僕ら世代の皆が欲していることではないかな？」

そんなことを話しているうちに、だんだんみんな興奮してきた。

「この面白さを仕組み化できないかな。ＮＰＯは自分たちに足りない人材やスキルを得られて、ビジョンの実現に近づければ最高だ。同じようにビジネスパーソンが自分のスキルを提供して、社会貢献できたら、仕事以外の充足感を味わえるのではないか」

いきなり会社を辞めてＮＰＯをやるのは無理があるし、日本ではまだ副業が認められる流れがなかった。それなら、週末だけ社会貢献をすればいい。

社会貢献といっても、ゴミ拾いのボランティアはその日で終わるし、誰がやってもほぼ同じだが、自分のスキルで貢献したほうがＮＰＯにとってより役立つ。

また、「その人の好きで得意なこと」なら、「その人らしさ」が出せて、やっている本人が楽しいし、なんと言っても本気になれる。本気でやっているうちに、会社以外の「好き」や「得意」がスキルになり、個人の力になれば社会全体が変わる――僕らはそんなことを話し合った。

話し合ったなんて優雅なもんじゃない。酒も飲んでいるから興奮し、ランチョンマット代わりに置いてある寿司屋の紙をひっくり返し、僕らはその場で図を描き始めた。NPOと社会人をつなげる仕組みをつくろう。行政も巻き込んだほうがいい。お金の調達は……。


このコンセプトをもとに立ち上げたのが、NPO「二枚目の名刺」だ。

本業がうまくいかない憂さ晴らしではなく、あくまでポジティブに、ビジネスパーソンが本業以外にもう一枚の名刺を持つ。自分のスキルで貢献し、社会を変えていく。その結果「会社人」が「社会人」へと生まれ変わるというコンセプトだった。

あれから10年、そのとき寿司屋で議論をした相手でもある同期の廣優樹が引っ張る形で、二枚目の名刺というコンセプトはいよいよ社会に強く受け入れられようとしている。

０４ ＮＰＯとの「二足のわらじ」が教えてくれたこと

マインドシェアを点検する

「株式会社かＮＰＯかって、実はマーケティングの違いに過ぎません。世の中で解決できていない課題に半歩先に挑戦しているのがＮＰＯで、お金だけを見ていないから世相や人々の心理を感じ取れる面もある。意義があるいいことだし、ファンドのビジネスにも役立つし、最高だと思います」

すっかり社会起業家マインドが染み込んで帰国した僕は、ＡＰの社長にこんな報告をした。ブラストビートと二枚目の名刺、二つのＮＰＯを週末にやるつもりだった。無給のボランティアだから副業でもないし、オフタイムにやることだから、会社との兼ね合いも問題ないと思っていた。

ところが社長は、NPOをやるなら会社を辞めろという勢いで激怒した。

「南さんも、ファンドがどんなに厳しい世界かわかっているはずだ。経済もどん底の今、120％のマインドでやっても勝てるかどうかわからないのに、他のことにマインドシェアを取られていたらどうにもならない」

問題は時間やお金ではなくマインドシェアだという社長の考えは、なるほどと思った。確かに、本気でやらなければ意味がないのはよくわかる。真面目にPCに向かっていても、別のことを考えていたら仕事にならない。

だから「今、自分のマインドシェアはどうだろう？」と考える習慣が生まれ、自分の点検ができているので、あなたにもお勧めしたい。**今、あなたの心は何で占められているだろうか？**

そのときの僕は、確かに社会起業に持っていかれそうだった。社長の指摘は正しかった。今、自分が経営者になってみたからこそ、120％のマインドでやってくれという気持ちはとてもよくわかる。

ただ、どうしても止められなかった。

「どうしてもＮＰＯをやるならクビだ」と社長に言われた僕は、「わかりました」と従うふりをして、こっそりＮＰＯを始めた。バレないようにＮＰＯの理事や代表は他のメンバーに頼み、仕事が終わったら深夜も土日もＮＰＯにつぎ込んだ。仕事が手についていないと思われたくないし、何よりもファンドの仕事は重い責任が伴う仕事なので、どちらも全力投球。睡眠時間を削る生活の再開だ。

ブラストビートは本当に素晴らしかった。第1回のライブが温かく最高の雰囲気でできたことは感動だったし、何より参加した学生たちが、「自分で動いて何かできるとわかった。社会に早く出たい」と心底言う姿を見て、僕はうれしくて泣いてしまった。

そう、やっぱりマインドシェアはより多くＮＰＯに取られていたのだ。

ビジョン経営をＮＰＯで学ぶ

ＡＰでの僕は、「ロジカルシンキングが苦手。ヒューマンスキルで仕事をする人」と見なされていた。ところがＮＰＯでの僕は「企業買収ファンドから来たロジカルモンスター」。なんでも理詰めで合理的に話すから怖いと言われ、コミュニティーが変われば特性も変わるのかと興味深かった。

ＮＰＯはまた、営利企業よりゆるく見えてシビアだった。雇用関係がある企業の場合、「給料をもらうため」という理由でほとんどの人は毎日出社してくれるし、仕事ができなければ「こんなレベルじゃダメだ」と叱ることもできる。その点、ＮＰＯは違う。善意と熱意で来てくれる人は、純粋だが、繊細だ。

ブラストビートも二枚目の名刺もスタッフはボランティアだから、ちょっと気に入らないとか、考え方が違うというだけでフェードアウト。きついことを言えばさようならだ。やはり、**マネジメントで一番大事なのはモチベーションだ**と再確認した。

この気づきもＡＰの仕事で役に立った。とある女性用下着をサロン販売する会社を買収したとき、全国に８００人ほどいる販売チーフの「モチベーション別の売上分析」をしてみたのだ。下着の販売だから女性ばかり。自社商品が大好きでそのよさを広めたい人、商品のよさをわかってくれるお客様と仲間になりたい人、シンプルに稼ぎたい人……モチベーションによって売上げはまったく違う。

たとえば仲間をつくりたい人は、単価が安いものしか売れないけれど、固定客が多くてリピート率が高い。一方、高額商品を売って売り上げを伸ばすのは、商品に惚れ込んでいて、そのよさを広めたい人や稼ぎたい人だ。

そこでスーパーバイザーに、販売員の性格別に売り方のアドバイスを変えてもらうようにしたら、より現場から受け入れられやすいアドバイスができるようになった。ＮＰＯで僕が学んだのは、モチベーションベースのシステムづくり。もっと人に近い、パーソナルなマネジメントだった。

パーソナルなマネジメントではビジョンもとても大切だと学べたのも、週末ＮＰＯのおかげだ。

営利企業でも、ビジョナリー・カンパニーとか、企業理念が大切だといわれる。だが、多くの企業はビジョンの代わりに「売り上げ、利益」といったビジネスの目標を、巧みにビジョンとすり替えてしまう。

しかし儲けを目的としないＮＰＯでこの手は使えない。ビジョンを示すとはおざなりには済まされないことであり、みんなにわくわくする可能性を提示し続けることでもある。さもなければ、かかわっている人たちは、「先が見えなくてやる意味がわからない」「つまらない」と去っていく。

逆にいうと、もしもそのビジョンが「これをやれば楽しいし、心満たされる」という個人のモチベーションにつながり、「社会に役立つ」という使命感を伴うものなら、どんなに大変でもお金がもらえなくても、人は喜んで動くのだ。

履けるわらじは何足までか？

NPOとファンドの二足のワラジ、いや、二つのNPOだから正確には三足のワラジを履けたのは、リーマンショック後で仕事が暇だったから——ではない。実のところ、履けていなかった。脱げそうなのを、引きずって無理やり歩いていた。

日本に帰ってきて最初に手がけたのは、通信会社の案件。詳細は省くが、お金の悪魔も泣き出してしまう地獄だった。

デカい案件だからアドバイザーとチームを組んだのだが、メンバーは弁護士事務所、税理士事務所、会計事務所などのプロフェッショナルファームから来た精鋭揃い。コンサルタント、投資銀行も加わっている。

土日もクリスマスも正月も関係ないし、文字どおり24時間体制で、誰かが寝ている間は誰かが働いているし、みんなほとんど眠らない。

たとえばある金曜日の深夜0時に、上司がアドバイザーチームのメーリングリストにメッセージを入れてきた。

「今夜3時までに、うちの南が今の状況を打開する案を五つ出します。皆さん、すぐに打ち合わせをお願いします。私はそれについて朝6時に拝見します」

僕はまだ会社にいたが、事前に何も聞いていない。アドバイザーチームのみんなも、全員がそれぞれの会社で仕事中だったのだろう。「承知しました」と即レスだ。

打開策などひとつも思いつかないが、必死で絞り出して3時きっかりから電話会議。5時にようやくまとめ、「この方向でいきます」と上司にメールを投げてタクシーで帰宅。

上司は朝6時に見るというから、7時には返事があるだろうと、1時間だけ仮眠してメールを開くと、やっぱり返信が来ている。

「南さん、まるでなってませんね。今からアドバイザーの皆さんとミーティングをしたいので、10時にご参集いただくようご連絡を取ってください」

土曜日の朝、あと3時間後！　だが、アドバイザーチームは当然のごとく集まるのだ。

異様だと思うかもしれないが、これが１００億単位の金が動く企業買収の世界だ。だからサービス残業とかブラック企業とか、そういう話ではまったくない。アドバイザーたちに払う「1週間」のギャランティは、時に平均的な人の年収を超える。桁違いの数字と引き換えに納得づくで激務をこなす別世界。最近でこそ働き方もずいぶんと常識的なレベルになってきているらしいが、業界勃興期の当時はこんな感じだった。

ある日曜の夕方6時、先輩から「コンサルにこの資料を3時間以内に作ってもらえ」と言われて担当者に電話をしたら、受話器の向こうでは赤ん坊が泣いている。みんなのんびり夕飯を食べ始める、日曜のサザエさんタイム。うちも子どもが泣いているから、電話越しにとんだデュエットだ。

「今すぐやりますが、3時間は厳しい。あと1時間ください」というコンサルタントの願いを聞き入れたら、僕は「他者マネジメント力が弱い」という人事評価をもらった。

そんな日が続いたある日、デスクに向かって仕事をしていたら、理由もなく涙が出てきた。シャワーを浴びながら涙が止まらなかったことも1回あった。あまりにもしんどすぎて、僕は鬱になりかけていたのだ。

05 自分のストーリーを生きる

「二つめの芸風」は必要なのか？

「死ぬ必要はない、会社なんていつでも辞めればいい」

幸い、もともと思いつめるタイプでもない僕は、涙を流しながらもすぐにこう思えて気持ちを切り替えられたため、それ以上「落ちていく」ことはなかった。ただ、鬱になるメカニズムをリアルに体感したのは、後から思えば貴重な経験となった。

父が言ったとおり、自分のことは自分で決めていい。だから辞めたければ、誰が何を言おうと自分で「辞める」と決めていい。仮に辞められなくても「辞める」という選択肢は自分のこの手にあるのだと忘れずにいるだけで、気分はずいぶん違うと思う。

だが、僕はこの仕事で辞めたわけではない。ディールはなんとか成功にこぎつけたし、むしろ極限まできつい仕事をしたおかげで、自分の得意なことと苦手なことが、よりくっきりと見えてきてよかったと思っていた。

すなわち僕は「これがいい！」と迷わずにクイックに意思決定するのがとても得意だ。逆に、ロジカルに掘り下げて分析し、粘り強くオプションを広げるのは苦手だ。

幸い、チームメンバーに超ロジカルな分析型がいて、僕と彼のスキルの掛け合わせでとてもうまくいったのだが、人事評価のフィードバックは「南さんはさっくり決めすぎる」というもの。

そして本当に退職するきっかけとなったのは、上司の言葉だった。

プロジェクトの総括の際、成功してよかった、交渉相手であっても懐に飛び込んで、うまく味方にして成果を出すという自分の芸風を確立させたのはすばらしいと、上司は僕をほめてくれた。肝心の言葉はその後だ。

「この業界で生きていくなら、ひとつの芸風じゃ無理だ。いろんな案件があるから、時には厳しくロジックで攻めるとか、二つめ、三つめの芸風を身につけてほしい。40代はやれるだろうが、今の芸風だけで50歳になると、単なる口のうまいおっちゃんで終わりだよ」

今も会社の取締役をお願いしているくらい信頼している上司だし、これはポジティブなフィードバックだった。彼は僕を認め、ステップアップするために、励ましてくれたのだ。

だけど僕は思った。二つめ、三つめの芸風を身につけるとは、できないことをできるようになれというのに近い。

ほとんど経験がない若いときは、興味が向いたこと、相対的にできそうだと思ったことを深く考えずにやると決め、目の前の仕事を本気でやればスキルになった。これから年齢を重ねていっても、「面白そうだ」と好奇心がわいたことを本気でやれば、新しいスキルになるだろう。

だが、10年以上働いて修羅場をくぐり、「興味もなく本当に苦手だ」と身にしみたことを、なんとかうまく身につけることができるのだろうか？　好きなことじゃないと続かないというのははっきりしていて、二つめ、三つめの芸風は僕の好きなことでも興味がわくことでもなかった。

そうなると、「なんのために働くのか？」という問いが再浮上してくる。

僕はそこまでして、この業界で通用する人間になりたいのか？

それが僕の「働く理由」なのか？

第1章で述べたとおり、このとき初めて、34歳の僕は少子高齢化という確実に変わる外部要因を「自分ごと」として考えた。100歳まで生きるかもしれない時代、80歳まで働くのなら、あと45年ある。それほど長い間、興味もない苦手なことを克服しながら働けるのだろうか？

「自分のストーリー」に正解はない

僕は折々に、説明を求められてきた。

「えっ、学生結婚？　まじで」

「銀行辞めちゃった？　子どもが生まれたばっかりなのに……」

「週末全部潰して会社に隠れてNPOって、ただでさえ忙しいのに何考えてるんだ？」

「ファンドを辞めて起業？　しかも給料ゼロって大丈夫？」

特に起業してすぐは、ずいぶん聞かれた。ファンドを退職し、NPOで学んだことをビジネスの場で実践したいと会社をつくったが、最初に手がけようとしたヘルスケア事業はリサーチ段階ですぐに廃案、給料ゼロどころか貯金の目減りを心配する事態になった。

八方塞がりのクリスマス、ファンドのパーティーに呼んでもらい、スーツ姿の元同僚に混じって近況報告をする僕はジーンズにスニーカー姿。

「ヘルスケアは止めて、別のアイデアを考えている」と同僚には説明しながら、それがただのアイデアに過ぎず、自分が何者でもないことはわかっていた。自称、意識の高いニート。二枚目の名刺どころか、渡せる名刺もなかった。

心許なさはあったけれど、つらくはなかった。なぜなら、僕にはいつでも説明できる「自分のストーリー」があったから。

嫌味と受け取っていただいても構わないが、僕はいわゆるエリートのキャリアを歩んできた。慶應から銀行、銀行から企業買収ファンドでオックスフォードのＭＢＡ。まあ、よくあるキラキラ系のキャリアだ。お金もそれなりというと控えめになるくらいは稼いだ。

人から見れば疑問だらけのことをしてキャリアを変えていったわけだが、自分としては脱線ではない。長期プランもなく、途中から逆算しないどころか突発的な変化だったが、自分で決めた道を歩いてきた。バラバラに見える一つひとつは、ちゃんとストーリーとしてつながっている。

心を満たすことは何か。好きで楽しいことはなぜか。人やコミュニティーに貢献できるスキルは何か。自分はなぜ働くのか。

その答えを探し続けて、正解に近づいていくのが僕の「自分のストーリー」であり、自分らしさの見つけ方だったのだ。

自分で意思決定をし、自分を引っ張っていくプロセスそのものが、セルフリーダーシップだと述べた。そうやって歩いていくと、振り返ったとき、キャリアを超えた「自分のストーリー」ができている。

人と違っていても、風変わりであっても、あるいはよくある話でも、自分らしければそれは自分のストーリーだ。ストーリーは人それぞれで構わない。

ゲームには勝ち負けがあるし、テストには正解がある。

だが、ストーリーにはいいも悪いもない。『リア王』と『源氏物語』のどちらが好きかは人それぞれあるだろうが、どちらかが正しくどちらかが間違っているという判断はできない。『ハリーポッター』と『三国志』どちらが面白くて興味があるかは、人によって違う。そしてどちらも面白い。

これから僕たちが生きていく人生１００年時代の世界、一人ひとりがつくっていく「自分のストーリー」に正解はないのだ。

大切な人に説明できる「ストーリー」を持つ

起業のストーリーを説明するのなら、ディテールはいくらでも浮かんでくる。３・11に背中を押されたこと、最初は起業する勇気がなくてかなり具体的に転職を考えていたこと、アウトプット・ドリブンで発信して始まった「ゆるいつながり」が役に立ったこと。起業物語だけで一冊できてしまいそうだから別の機会に書くとして、エピソードをひとつだけ紹介したい。


起業してすぐ、まだ無給でやっていた日曜日の朝、息子に聞かれた。

「ねえ、パパはなんで会社を辞めて社長をやってるの？」

深夜どころか朝まで働き、土日はぐったりしていた父親が平日も家にいるようになった。スーツからTシャツ姿になり、何か変わったことは小学2年生でもわかる。だから妻は、「パパは会社を辞めて自分の会社を作ってるんだよ」という程度の説明をしたらしい。

「社長より部員のほうが楽でいいんじゃないの？　社長は難しくないの？」

まだ社員と部員の区別がつかないようだが、銀行を辞めたときは赤ん坊だった息子が、一人前に質問をしてきている。我が子に「パパかっこいいだろ」と言えない仕事はしたくないと思って、銀行を辞めた。

そして、その8年後、その日は突如訪れた。

起き抜けでぼんやりしていたのに、緊張して深呼吸しながら、息子に座るように言った。


「パソコンって便利じゃん。これ、100年前にあったと思う？」

「なかったんじゃない」

「任天堂のWiiって100年前にあったと思う？」

「なかった」

僕はリビングにあるものを指差しながら、息子に聞いていった。

「ここにある便利なものって、昔は全部なかったんだよね。ない時代はつまんなかったり、不便だったりしたんだ。じゃあ、こういうものを誰が作ったか知ってる？」

「工場で作ってるから、工場の人」

「確かに今作っているのは工場の人だけど、最初に作った人たちが社長なんだ。最初に会社を作って、いろんなものを作ろうと決めた社長たちがいたから、今、おまえが生きてるこの世界は、便利で楽しく生きられるようになってるんだ。それが社長の仕事なんだよ」

社長なるものについてそれなりに納得したようだが、息子はさらに聞いてきた。

「社長さんになったら、前よりお金をもらえないの?」

小学2年生は、意外と鋭い。

妻は僕の急カーブにも急発進にも常に「へえ、そうなんだ」と泰然としており、無給となったときも「生活コストを下げたいなら言ってね。私は田舎暮らしで自給自足でも大丈夫」くらいの反応で、今のまま続けろともやめろとも言ったことがない。

「いやいや、いきなり自給自足で生きていくほうが俺の起業よりもずっと難しいよ」と内心思いながら、ありがたい妻だと感謝していた。

だが、母親が自給自足をするくらいの気持ちでいたら、息子にもなんとなく気配は伝わるのかもしれない。

僕は逆に、息子に尋ねた。

「おまえはさ、たくさん給料をもらえる人生と、たくさんの人がすごく喜んでくれて、みんなが『ありがとう』って思ってくれる人生、どっちがかっこいいと思う?」

息子は即答した。「ありがとうって言われるほうがかっこいい」と。

彼はまちがいなく僕の息子なのだ。それこそ、パパが会社を作った理由なのだから。

「そういうことだ。パパ、かっこいいだろ」

僕は、みんなが自分のストーリーを生きられる世の中になるように、自分にできる貢献がしたい。僕に「ありがとう」と言ってもらう必要はないが、「ああ、いい人生だな」と感じる人が増えるようにしたい。それが僕の「自分の価値観」なのだ。

それはまた、「ココナラ」を経営している理由でもある。

自分のストーリーは自分のものだから、自分が納得していればそれでいい。だが、大切な人に胸を張って説明できるストーリーなら、最高ではないだろうか。

あなたのストーリーは、大切な人に説明できるものになっているだろうか?

僕は折にふれて考える。僕の今のストーリーは、生意気盛りの16歳の息子と13歳の娘に、70歳を越えても新しいことが大好きな父に、どんなときも応援してくれる母や妻に、説明できるものになっているだろうかと。

06

社会は無数の「自分ごと」の集まり

なぜ、オックスフォードは社会起業を掲げるのか

800年の歴史を誇るオックスフォード大学は世界大学ランキングのベスト5に入る名門校で、そのビジネススクールも素晴らしいが、2019年発表のフィナンシャル・タイムズ「世界のMBAランキング」ベスト10には入っておらず、13位にとどまっている。このランキングは、「卒業後に稼げる学校ランキング」という面があるからだと思う。

MBAのランクづけは、そこに入る前と後でいかに所得が増えたかという項目が重視される。経営大学院なのだから当然といえば当然だろう。

ちなみに最新MBAランキングの1位はスタンフォード、2位はハーバード。ランキングが高いほど志望者の数が増える。ビジネススクールも学校経営というビジネスだから、

志望者を増やしてお金を集めることは重要だ。

エシカルマーケティングや社会起業を扱うビジネススクールは増えているとはいえ、大々的に看板にしているわけではない。ちなみにＩＮＳＥＡＤはこのランキングの3位に入っているが、僕と同じ頃に行った友達によれば「社会起業家だけにはなってくれるな」と言われたらしい。

それなのになぜオックスフォードは、ずっと「社会起業」をもう一枚の看板にしているのだろう？　それは「世界最高のビジネステクニックで社会をよくする」という使命感があるからだ。

イギリスは階級社会だから、「みんな同じで平等」という日本のメンタリティーとは違う。今はずいぶん変わったが、〝オックスブリッジ〟に行けるのはエリートの金持ちだけ。ワーキングクラスで育った人の多くはそこそこの学校でワーキングクラスの仕事に就く。格差社会といわれていても、日本はまだまだ平等だ。

だが、その平等は優しくない世の中をつくっている。「みんな頑張れば上に行けるのだから、自己責任で頑張れ」という理屈ができてしまうのだ。

だがイギリスは、「自分たちはエリートだから、力がある分、社会に尽くさねばならない」という使命感を持つエリートが多い。社会は平等ではなく強い人と弱い人がいるが、強い人は弱い人を助けて当然だと彼らは考える。

オックスフォード・ビジネススクールの使命感も根っこは同じで、「力がある者は、その力を社会に役立てなければいけない」という考え方なのだ。

自分ごととして「手応えと実感がある活動」をする

イギリス階級社会と日本を比べたら、僕は万人にチャンスが多い日本のほうが好きだ。同時に、「チャンスがあっても活かせない人」「弱い人」もいていいのだとその存在を認めることは重要だし、そういった人を思いやることを忘れたら、どうしようもなく冷たい社会になると感じている。

一握りのエリートが大きな力で社会をよくするのも大事だが、一人ひとりが、「個人の力」という小さな力で誰かを助け、そして誰かに助けられる。そうやってみんなが支え合って社会をよくしていくことが僕の理想だ。

ロジカルが苦手な僕が同僚たちに助けてもらったように、弱いところ、苦手なところは得意な人がやり、みんながお互いに人の役に立つように「個人の力」を使うことができれば、それが本当のフェアな社会を実現する。

人の役に立って喜ばれるのはうれしい。だから働くのであれば、自分は誰にどんな価値を届けるために頑張っているのか、その価値を受け取った人はどんなふうに喜んでくれたのか、みんな手応えが欲しい。だけど大規模で複雑なシステムのなか、効率第一で仕事をしていたら、そういう実感はなかなか得られない。

誰がつくったかわからないサービスを売り、どんな人が使ってくれているのかわからない商品をつくる。その商品やサービスの一部しかつくったことがないから、自分が何をつくっているかもわからないこともある。それでも仕事をして給料をもらって毎日が過ぎていく。

これは仕事に限った話ではない。社会全体が大規模で複雑な効率追求型のシステムになっていて、ビジネスはその一部に過ぎない。みんなが誰かとかかわっている実感もなく生きていたら、あらゆることが自分には関係のない、他人ごとになっていくだろう。

「自分も社会にかかわっている」という実感がないと、何かあったとき、すぐに誰かを責めるようになる。「会社が悪い、国が悪い、社会が悪い」が口ぐせで、世の中で起きていることはすべて他人ごと。自分は影響を受けるだけのちっぽけな存在、被害者だと思い込んでいる。

だが、自分も社会の一部だ。

身近な話にたとえると、「みんなが残業しているからといって帰れない雰囲気はおかしい」と怒る人は、自分も「残業しているみんな」の一人であること、自分も「帰れない雰囲気」をつくり出している共犯者であることを自覚していない。まず自分が帰れば雰囲気を変えられるかもしれず、自分にはそれができる力があることに、気がついていない。

社会の構成員として社会をつくっている、動かしている感覚がないから他人ごとになってしまうのだろう。

僕はなんとか他人ごとになっていく流れを食い止め、自分ごとという感覚を取り戻せないかと考えた。そのときヒントになったのが、本業とは別に週末だけＮＰＯに参加している人たちだった。それで稼げるわけではないが、本業とは別の「手応えと実感がある活動」をする人たちが生き生きしていく姿を見たとき、「やっぱりこれが本質なんだ」と思った。

僕が始めた会社、スキルのフリーマーケット「ココナラ」は、商いの原点といわれる物々交換みたいなことで、売る側も買う側もフラットな1対1の関係性だ。

お互いの強みをやりとりして、お互いの生活をよくしたり相手に感謝したりするためには、自分が何を提供できるか、相手が何を欲しているかを理解しなければいけない。つまり相手のことも自分のことも、ものすごくよく考えるようになるのだ。

この繰り返しで、たくさんのことが自分ごとになっていく。

自分ごととして自分のストーリーを生きる人が増えれば、巨大化したシステムで失ってしまった要素が取り返せる。

「世の中は小さな自分ごとの積み重ねでできている」と気がつけば、正解なんてないとわかる。薄っぺらい正義を振りかざして外野席から誰かを批判したり、被害者の顔でどこにもない「巨大な権力」を恨んだりしなくて済む。

当事者になれば人にやさしくなれるし、そういう人が増えた社会では、きっとみんな、幸せを感じやすくなるだろう。

キャリアの終わりと、もうひとつの「働く理由」

僕は今、「働く理由」には二つあると定義している。

「①自己実現」と「②社会実現」だ。

第一の自己実現とは、ビジネスパーソンとして「どうありたいか」、働くことで「何を達成したいのか」だ。

つまり、自分が無条件で大切にする価値観を持つ。誰になんと言われようと、正しかろうと間違っていようと、自分の価値観に従って意思決定して動く。このようにセルフリーダーシップを発揮できていれば自分のストーリーを生きることができるし、それだけですでに自己実現だ。

第二の社会実現とは、仕事を通じて「自分という人間」が世の中に何を実現したいかだ。スキル、価値観、セルフリーダーシップの三つが揃った「個人の力」を使い、自分が所属している「社会」という大きなコミュニティがよりよくなるように貢献する。まず自分が貢献することで、自分も社会に助けてもらう。これが僕の思う社会実現だ。

僕は就職氷河期のロスジェネ世代だが、社会にはまだバブルの考え方が残っていたから、働く理由は「成功するため」「稼ぐため」という人が多かった。

その後、世界金融危機や東日本大震災が起きて、働く理由は第一の「自己実現」へと変わっていった。

今は二極化していて、一方はまだ「自己実現」の途中にある人たち。自分の価値観に従った自分らしい働き方をして、仕事も人生も満たされたものにすることを望んでいる。僕もそうやって、自分のストーリーをつくっていきたい。残念なことにもう一方は、「自己実現なんて無理」とあきらめ、かといって稼ぐこともできないという人たちだ。だが、あきらめたままで生きていける余裕はだんだんなくなっていくだろうし、あきらめて長い年月を過ごすのは、あまりにも悲しい。

だからこれからの人生100年時代、働く理由は「自己実現」にとどまらず、「社会実現」を伴うものへと変わっていくよう、僕は願っている。

単なる仕事のキャリアを考える時代は、もう終わった。予測がつかないなか、もっと大きい視点でストーリーを生きる力を蓄える時代がやってきた。

そうしなければ、人口が減っていくなか、僕たちは生きていけない。個人の力を持ち寄って助け合わなければ、社会は成り立たなくなっていくのだ。

変化があるストーリーは面白いし、穏やかで淡々としたストーリーはホッとするし、悲しくつらいストーリーであってもそこから強さを学ぶこともできる。

正解のない人生100年時代に、僕たちは自分のストーリーで生きていこう。

ストーリーは結末がわかってしまってはつまらないから、プランはいらない。大どんでん返しもあれば、急展開もあるだろう。

どんなストーリーにするか、自分のことは、自分で決めていい。

自分のストーリーは、今がどんなストーリーであろうと、生きている限り、あなたの好きなように綴れるのだ。

おわりに　「ココナラ」の使命と野望

２０１２年１月、僕は株式会社「ココナラ」を始めた。「スキルのフリマ」という、みんなの強みをネット上で売り買いするＩＴビジネスだ。

ロゴを作る、写真提供、作曲。

ウェブデザイン、プログラミング、エクセルの指導。

就活の面接シミュレーション、ビジネス文書の作成、法律相談。

翻訳や通訳、占い、収納アドバイスに家事代行。

財務上のアドバイスから子育て相談まで、ありとあらゆるスキルが出品され、利用されている。

自分のスキルを物々交換に近いようなやりとりができるプラットフォームをつくったのだ。ココナラを利用することで、「人の役に立つ喜び」を味わい、「自分ごと」の実感を持つ。そうやって心満たされて自分のストーリーを生きる人を増やすことが、ココナラの使命だ。

さらにその延長線上で社会を変えていくことが、ココナラの野望だ。

ココナラのユーザーには、さまざまな人がいる。

たとえば「刑務所のことをお話しします」というユニークかつニッチな出品をしている男性がいる。彼は法務省に就職し、刑務官・刑務所長として定年まで勤め上げたキャリアの持ち主だ。刑務所の経験談のほかにも、長年携わってきた公文書作成業務で身につけたスキルも「文章作成、校正サービス」として出品している。

「定年後、のんびり過ごすよりも人の役に立っているという実感がうれしい」

そんな彼の話を聞いていると、人生100年時代の仕事は、案外たくさんあるんじゃないかと思えてくる。ＡＩがますます便利になっても、昭和、平成の刑務所をリアルに見てきた実感は、そうそう集められるものじゃない。

国内最大手の電機メーカーの経営企画室で11年働き、自分のスキルで生きていこうと決めたユーザーもいる。彼は大学で経営戦略を学び、大企業で事業計画書、幹部の報告資料、予算の分析報告資料など、ありとあらゆる資料を作ってきた。それは高度な業務だったけれど、なにぶん大きな会社だ。自分のスキルがどのように役に立っているかがわからず、何より社外で通用するかどうかもわからなくなっていた。仕事が「自分ごと」でなくなってしまっていたのだ。

そこでココナラで「プレゼン作成サービス」の出品を始めたところ、「大事なプレゼンで役立った」「勝てるプレゼン資料だ」と高評価を受けた。早朝や退社後、あるいは週末をうまく使って依頼に本気で応えているうちに、スキルはさらに磨かれていった。

1件500円で始めた単価が200倍になったというのもすごい話だが、副業がうまくいっているというレベルの話じゃない。会社の業務でも活かされ、社内評価も上がったのだ。

5年間ココナラを利用し、彼は経営コンサルタントとして独立した。自分のストーリーで生きようと決めたのだと思う。

資本主義経済のルールで生きている僕たちにとって、「お金をもらう」とは「人の役に立っているしるし」だ。

あなたがココナラに興味を持ってくれたら無茶苦茶にうれしいし、僕は理想主義者でリアリストだから、ユーザーが増えるのは経営者として大歓迎だ。

同時に「人の役に立っているしるし」は、お金をもらうことだけじゃない。喜ばれる、感謝される、「ありがとう」の一言など、いっぱいある。

どうかそのどれでもいいから、そしてココナラじゃなくてもいいから、あなたにも実感してほしい。

「自分にはスキルがない」という人は、「世界は広い。いろんなものを求めている人がいる」ということを知ってもらいたい。

古着や不要品のフリマが「こんなものにまで値段がつく」と驚かれていたのは少し前の話だが、あなたの部屋に高く売れるお宝が眠っているよりも高い確率で、あなたには人の役に立つスキルがあるはずだ。

「ルーティンの仕事」と思っていたエクセル作業で人の役に立てることもあれば、「絵本選びがうまい」という趣味が、困っているお母さんを救うこともある。

埋もれたスキルを思い出すのと同時に大切なのは、「好奇心カード」を補充し続けることだ。

「あっ、これが好き、面白い！」という好奇心は一瞬パッと出てくるもので、感じたときに動かなければ消えてしまう。何かに興味がわくとか、何か好きだ、やりたいと思ったときに本気でやってみれば、いずれ「個人の力」になる。新しいことにチャレンジすれば、自分のストーリーが豊かになる。

この「好奇心カード」は年をとるごとに減っていくが、1枚使うと1枚補充される仕組みになっている。

仮に生まれたとき、みんなが好奇心カードを5枚持っているとして、「面白い」と思っても何もしない人は、5枚のカードが減っていくのを眺めるだけで終わり。退屈な余生が待っている。

だが、「面白い」と思ったときに行動する人は、1枚を使うと1枚もらえるから、死ぬまで好奇心カードがなくならない。

行動して、好奇心カードを補充し続けていこう。好奇心カードがなくなってしまった残りの人生なんて、100歳まで生きるには、退屈すぎるから。

好きなことしか本気になれない。

発行日　2019年　8月30日　第1刷

Author　南章行

Book Designer　小口翔平＋山之口正和（tobufune）

Publication　株式会社ディスカヴァー・トゥエンティワン
〒102-0093　東京都千代田区平河町2-16-1 平河町森タワー11F
TEL　03-3237-8321（代表）　FAX　03-3237-8323
http://www.d21.co.jp

Publisher　干場弓子
Editor　千葉正幸　安永姫菜　（編集協力：青木由美子）

Marketing Group
Staff　清水達也　飯田智樹　佐藤昌幸　谷口奈緒美　蛯原昇　安永智洋
古矢薫　鍋田匠伴　佐竹祐哉　梅本翔太　榊原僚　廣内悠理
橋本莉奈　川島理　庄司知世　小木曽礼丈　越野志絵良　佐々木玲奈
高橋雛乃　佐藤淳基　志摩晃司　井上竜之介　小山怜那　斎藤悠人
三角真穂　宮田有利子

Productive Group
Staff　藤田浩芳　原典宏　林秀樹　三谷祐一　大山聡子　大竹朝子
堀部直人　林拓馬　松石悠　木下智尋　渡辺基志　谷中卓　岩﨑麻衣

Digital Group
Staff　伊東佑真　岡本典子　三輪真也　西川なつか　高良彰子　牧野類
倉田華　伊藤光太郎　阿奈美佳　早水真吾　榎本貴子　中澤泰宏

Global & Public Relations Group
Staff　郭迪　田中亜紀　杉田彰子　奥田千晶　連苑如　施華琴　佐藤サラ圭

Operations & Accounting Group
Staff　小関勝則　松原史与志　山中麻吏　小田孝文　福永友紀　井筒浩
小田木もも　池田望　福田章平　石光まゆ子

Assistant Staff
俵敬子　町田加奈子　丸山香織　井澤徳子　藤井多穂子　藤井かおり
葛目美枝子　伊藤香　鈴木洋子　石橋佐知子　伊藤由美　畑野衣見
宮崎陽子　並木楓　倉次みのり

Proofreader　文字工房燦光
DTP　株式会社RUHIA
Printing　中央精版印刷株式会社

ISBN978-4-7993-2541-4